みんなの日本語
初級 I 第2版

Minna no Nihongo

初级日语 I
翻译·语法解释　中文版

**翻訳・文法解説
中国語版**

スリーエーネットワーク

©1998 by 3A Corporation

All rights reserved. No part of this publication may be reproduced, stored in a retrieval system or transmitted in any form or by any means, electronic, mechanical, photocopying, recording, or otherwise, without the prior written permission of the Publisher.

Published by 3A Corporation.
Trusty Kojimachi Bldg., 2F, 4, Kojimachi 3-Chome, Chiyoda-ku, Tokyo 102-0083, Japan

ISBN978-4-88319-605-0 C0081

First published 1998
Second Edition 2012
Printed in Japan

前　言

本书正如书名《みんなの日本語》所示，是一本为了使每一个初学日语的人都能够愉快地学习，而且教师也可以兴致勃勃地教下去，花费了三年多的岁月编写而成的正式教科书，可以说是《新日本語の基礎》的姊妹篇。

众所周知，尽管《新日本語の基礎》是为了技术研修人员编写的教科书，但作为初级阶段的日语教材，内容相当充实，对于想在短期内掌握日语会话的学习者来说有着出类拔萃的学习效果，因此使用至今仍受到国内外广大学习者的欢迎。

近年来，日语教育正在逐渐走向多样化。随着国际关系的发展，与世界各国的人员交流不断加深，越来越多的有着各种不同背景和目的的外国人被日本社会所接受。由于这种外国人大量增加，围绕着日语教育的社会环境发生了很大的变化，其所带来的影响也波及到各个日语教学现场，要求能够适应于学习需求的多样化，并对此加以个别对应。

处于这样的时期，3A公司为了对应国内外多年从事日语教育实践的专家们的意见和要求，决定了本书《みんなの日本語》的出版发行。《みんなの日本語》不仅保留了《新日本語の基礎》原有的特点、学习项目和学习方法的浅显易懂之处，而且在会话场面、登场人物等方面，为对应学习者的多样化，对内容进行了充实和改进，力图使本书成为一册通用性更为广泛的，能够适用于国内外各类日语学习人群，且不受地区限制，可以愉快地进行日语学习的教科书。

《みんなの日本語》的使用对象是那些立即需要在工作单位、家庭、学校、居住地区内用日语进行交流的外国人。虽然是初级教材，但在本书登场外国人与日本人进行交流的场面中，都尽可能地反映了日本的风土人情以及日本人的社会生活和日常生活。本书虽主要以一般成人为对象，但同时也可以作为高考预备课程，或专科学校、大学的短期培训用教材加以利用。

本公司为了对应学习者的多样性和满足教学中的各种需求，今后将继续积极致力于新学习教材的开发，希望仍能得到各位的一成不变的关照。

在本书的编辑过程中，我们曾收到了来自各方面的建议，并承蒙一些教师协助在教学中试用。在此，谨向给予了大力协助的各位表示深深的感谢。3A公司希望今后也能通过日语教材的出版，把人与人之间的联系扩展到全世界。呈请各位给予进一步的支持与鞭策。

1998 年 3 月

3A 股份有限公司

总经理　小川　严

《第2版》前言
——《みんなの日本語初級》第2版发行之际——

《みんなの日本語初級》第2版发行了。正如《みんなの日本語初級》初版前言所述，本书应该说是为技术进修生所编写的教科书《新日本語の基礎》的姊妹篇。

本书初版第1次印刷是在1998年3月。当时，随着国际关系的发展，围绕着日语教育的社会环境也发生了很大的变化，学习日语的人迅速增加，学习的目的、需求也日趋多样化，时势要求我们对于这些能够分别加以对应。因而3A公司为了满足来自国内外日语教学实践现场的建议和要求，出版了本书《みんなの日本語初級》。

《みんなの日本語初級》出版之后，因其学习项目和学习方法浅显易懂，适用范围广泛，可以为满足各类学习人员所需，而且作为教材内容十分充实，对于想在短时间内掌握日语会话的学习者有着超群的学习效果而获得好评，在长达10年多的时间里一直深受使用者的欢迎。但是"语言"是与时代共生的，在此期间，日本乃至世界都一直处于剧烈的动荡之中，特别是近几年，围绕着日语和日语学习者的状况已经发生了巨大的变化。

基于这一状况，此次，敝社为了能够对外国人的日语教育做出进一步的贡献，以把长期积累下来的出版、研修事业的经验以及来自学习者和教育现场的意见和询问还原给大家的形式，对《みんなの日本語初級Ⅰ·Ⅱ》进行了重新审订，就其中的一部分内容做了修改。

修改的重点主要放在了提高运用能力和更换一些与时代潮流不相应的词汇和场面之上。在尊重来自学习者和教育现场的意见的同时，保留了本教科书结构原有的"易学易教"的特长，并对练习和练习题部分进行了充实。力图加强学习者自己把握情况，进行思考，加以表达的能力，而不是单纯地根据指示被动地进行练习。因而使用有较多的插图。

在本书编写过程中得到了来自各方面的建议、意见，并承蒙协助在教学中试用，对于各位的大力协助在此深表谢意。敝社将继续努力进行教材的开发，编写出版可以贡献于人与人之间的国际交流活动的，而不仅只是日语学习者所需的用于沟通的教科书，以服务于各位。今后，还望得到大家进一步的支持和鞭策。

2012年6月
3A股份有限公司
总经理 小林卓尔

致本书学习者

Ⅰ．构成

《みんなの日本語　初級Ⅰ　第2版》由《课本（附有光盘）》和《翻译・语法解释》构成。《翻译・语法解释》包括英语版在内，计划共有12种语言的版本出版发行。

本教科书以掌握日语的说・听・读・写四项技能为目的编写而成。但在《课本》和《翻译・语法解释》中不包括平假名、片假名、汉字等的读写指导。

Ⅱ．内容

1. 课本

1) **日语的发音**

   列举有日语发音上必须注意的要点的主要用例。

2) **课堂用语、日常会话、数字**

   收载有在课堂上经常使用的词汇、日常的基本问候用语等。

3) **课文**

   第1课到第25课的内容如下所示。

   ① **句型**

   列举有各课所学基本句型。

   ② **例句**

   以一问一答的简短会话方式提示基本句型在日常生活中是如何使用的。另外还有新出现的副词和接续词的使用方法和基本句型以外的学习项目。

   ③ **会话**

   由生活在日本的外国人登场，展现在各种各样的场面进行的会话。各课的学习内容中还加有日常生活中常用的寒暄用语等惯用表现。

   如果尚有余力，还可以利用《翻译・语法解释》中的参考词汇，扩大会话的内容，进一步提高会话能力。

   ④ **练习**

   练习分为 A、B、C 三个阶段。

   在练习 A，为了更好地理解语法结构，进行了视觉上的特殊设计，以图在掌握基本句型的同时，使活用形和接续法等也变得更为易学。

   在练习 B，使用各种反复练习的形式，以图加强基本句型的掌握。带有➡符号的是表示使用图表练习。

练习 C 是为了培养交流能力的练习。根据情况替换会话中原有的划有下横线的部分进行会话。但是为了避免变成一种只是单纯地进行词语替换的练习，采用的是尽可能不使用文字来显示替换选择的方式，因此不同的学习者可以从同一张图想出不同的内容进行会话，是一项灵活运用程度较高的练习。

练习 B、练习 C 的答案收录于附册。

⑤ **练习题**

练习题包括听写题、语法题和阅读题。听写题有回答简短问话的问题和在收听简短会话之后写出要点的问题。语法题是为了检查对词汇和语法现象是否已经理解。阅读题是先阅读使用已经学过的词汇、语法构成的简单句子，然后进行与其内容有关的各种形式的练习。

⑥ **复习**

每隔几课有学习要点的整理。

⑦ **副词、接续词与会话表现的归纳**

备有为了整理归纳本教科书中所学副词、接续词和会话表现的习题。

4) **动词的形态**

有关本教科书中所学动词形态的归纳与其后续句一起载于书后。

5) **学习项目一览**

以练习 A 为中心，对本教科书出现的学习项目进行了整理归纳。练习 A 与句型、例句、练习 B、练习 C 的关系清晰明了。

6) **索引**

"课堂用语""日常用语"以及各课的新单词和表现等分别与其最初出现的课一起刊载。

7) **附属光盘**

本书附属的光盘收录有各课的会话、练习题的听写部分。

2. 翻译・文法解释

1) 关于日语的特征、日语文字、日语发音的说明

2) 课堂用语、每天的寒暄问候和日常会话的翻译

3) 第 1 课至第 25 课

   ① 新单词及其翻译

   ② 句型、例句、会话的翻译

   ③ 有助于每课学习的参考词汇和日本情况的简单介绍。

   ④ 有关句型以及表现的语法说明

4) 数字、时间的表示、期间的表示方法、量词、动词的活用等的归纳

Ⅲ．学习所需时间

大致设定的目标为每课 4 ~ 6 小时，全部学完约为 150 小时。

Ⅳ．词汇

以日常生活中使用频度较高的词汇为主，学习词汇大约有 1,000 左右。

Ⅴ．表记

汉字原则上依据"常用汉字表（1981 年内阁告示）"。

1) 「熟字訓」（两个以上汉字组成，具有特殊念法的）中，"常用汉字表"的"附表"所示词汇均用汉字书写。

　　例：友達　朋友　　果物　水果　　眼鏡　眼镜

2) 国名·地名等固有名词以及演艺、文化等专业领域的词汇也使用有"常用汉字表"中没有列入的汉字和音训。

　　例：大阪　大阪　　奈良　奈良　　歌舞伎　歌舞伎

3) 为了看起来方便，也有用假名书写的词汇。

　　例：ある（有る、在る）拥有、存在　　たぶん（多分）大概
　　　　きのう（昨日）昨天

4) 数字原则上使用阿拉伯数字。

　　例：9 時　9 点　　4 月 1 日　4 月 1 号　　1 つ　一个

Ⅵ．其他

1) 句中可以省略的词语放在 ［　　］内。

　　例：父は　54［歳］です。　父亲 54 岁。

2) 有另外的不同说法时放在（　　）内。

　　例：だれ（どなた）谁

有效的使用方法

1. 记单词

《翻译·语法解释》的各课都有新的单词和译文出现。我们可以一边用这些新单词做造句练习，一边记住它们。

2. 做句型练习

抓住句型的正确含义，出声做"练习A"和"练习B"，反复练习至完全掌握为止。

3. 做会话练习

"练习C"是一段比较简短而完整的会话。不要只做单纯模式的练习，要继续话题，充实会话内容。

会话中所列举的都是日常生活中会遇到的场面。一边听光盘，一边试着加上动作来进行练习的话，一定会掌握会话的自然节奏。

4. 做检查

每课都有作为学习总结的"练习题"。利用练习题来检查自己是否已经正确地理解了所学的内容。

5. 做实际会话练习

用学过的日语试着与日本人交谈。学过的东西马上就用，这是日语进步的捷径。

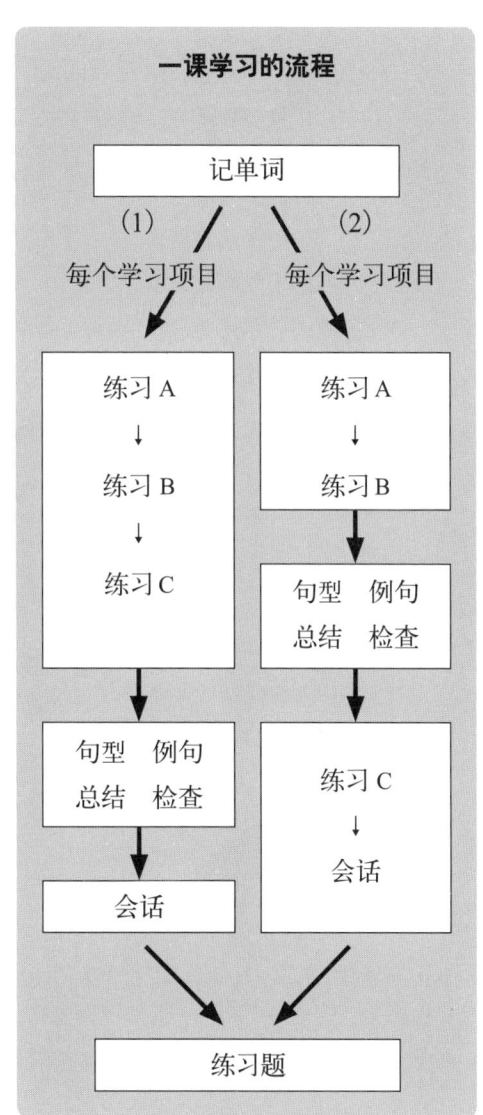

按照(1)或(2)的流程进行学习。学习项目请看卷末的学习项目一览表。

登场人物

迈克·米勒

美国人、IMC 职员

佐藤 桂子

日本人、IMC 职员

荷塞·桑托斯

巴西人、巴西航空公司职员

玛丽亚·桑托诉

巴西人、家庭主妇

卡莉娜

印度尼西亚人、富士大学学生

王学

中国人、神户医院医生

山田 一郎

日本人、IMC 职员

山田 友子

日本人、银行行员

松本 正

日本人、IMC 部长

松本 良子

日本人、家庭主妇

木村 泉

日本人、播音员

约翰・瓦特

英国人、樱花大学教授

卡罗・胥米特

德国人、动力电气公司工程师

李珍珠

韩国人、AKC 研究人员

特蕾莎・桑托斯

巴西人、小学生、9 岁
荷塞・桑托斯和玛丽亚的女儿

山田 太郎

日本人、小学生、8 岁
山田一郎和友子的儿子

古普

印度人、IMC 职员

瓦朋

泰国人、日语学校的学生

※ IMC（计算机软件公司）
※ AKC（アジア研究センター：亚洲研究中心）

目 录

日语的特点 2
日语的文字 2

预备课程
Ⅰ．日语的发音 3
Ⅱ．课堂用语 7
Ⅲ．日常用语 7

课堂指示语法用语 8
凡例 9

第1课 10
Ⅰ．单词
Ⅱ．翻译
  句型与例句
  会话
   初次见面
Ⅲ．参考词汇与信息
   国家・人・语言

Ⅳ．语法解释
 1. 名词₁は 名词₂です
 2. 名词₁は 名词₂じゃ(では) ありません
 3. 名词₁は 名词₂ですか
 4. 名词も
 5. 名词₁の 名词₂
 6. ～さん

第2课 16
Ⅰ．单词
Ⅱ．翻译
  句型与例句
  会话
   今后会给您添麻烦
Ⅲ．参考词汇与信息
   姓氏

Ⅳ．语法解释
 1. これ／それ／あれ
 2. この 名词／その 名词／あの 名词
 3. そうです
 4. ～か、～か
 5. 名词₁の 名词₂
 6. 代替名词使用的「の」
 7. お～
 8. そうですか

第3课 ·· 22

Ⅰ. 单词
Ⅱ. 翻译
　　句型与例句
　　会话
　　　　请给我这个
Ⅲ. 参考词汇与信息
　　　　百货商店

Ⅳ. 语法解释
1. ここ／そこ／あそこ／こちら／
　 そちら／あちら
2. 名词は 场所です
3. どこ／どちら
4. 名词₁の 名词₂
5. こ／そ／あ／ど（指示代词）一览表
6. お～

第4课 ·· 28

Ⅰ. 单词
Ⅱ. 翻译
　　句型与例句
　　会话
　　　　你们那儿开到几点？
Ⅲ. 参考词汇与信息
　　　　电话・书信

Ⅳ. 语法解释
1. 今 －時－分です
2. 动词ます／动词ません／
　 动词ました／动词ませんでした
3. 名词(时间)に 动词
4. 名词₁から 名词₂まで
5. 名词₁と 名词₂
6. ～ね

第5课 ·· 34

Ⅰ. 单词
Ⅱ. 翻译
　　句型与例句
　　会话
　　　　这趟电车去甲子园吗？
Ⅲ. 参考词汇与信息
　　　　节日

Ⅳ. 语法解释
1. 名词(场所)へ 行きます／来ます／
　 帰ります
2. どこ[へ]も 行きません／
　 行きませんでした
3. 名词(交通工具)で 行きます／
　 来ます／帰ります
4. 名词(人／动物)と 动词
5. いつ
6. ～よ
7. そうですね

第6课 ———————————————————————— 40
　Ⅰ．单词
　Ⅱ．翻译
　　　句型与例句
　　　会话
　　　　一起去好吗？
　Ⅲ．参考词汇与信息
　　　　食品
　Ⅳ．语法解释
　　1. 名词を 动词(他动词)
　　2. 名词を します
　　3. 何を しますか
　　4. なん 和 なに
　　5. 名词(场所)で 动词
　　6. 动词ませんか
　　7. 动词ましょう
　　8. ～か

第7课 ———————————————————————— 46
　Ⅰ．单词
　Ⅱ．翻译
　　　句型与例句
　　　会话
　　　　欢迎
　Ⅲ．参考词汇与信息
　　　　家族
　Ⅳ．语法解释
　　1. 名词(工具／手段)で 动词
　　2. 词／句は ～语で 何ですか
　　3. 名词₁(人)に 名词₂を あげます 等
　　4. 名词₁(人)に 名词₂を もらいます 等
　　5. もう 动词ました
　　6. 助词的省略

第8课 ———————————————————————— 52
　Ⅰ．单词
　Ⅱ．翻译
　　　句型与例句
　　　会话
　　　　该告辞了
　Ⅲ．参考词汇与信息
　　　　颜色・味道
　Ⅳ．语法解释
　　1. 形容词
　　2. 名词は な形容词[な]です
　　　 名词は い形容词(～い)です
　　3. な形容词な 名词
　　　 い形容词(～い) 名词
　　4. ～が、～
　　5. とても／あまり
　　6. 名词は どうですか
　　7. 名词₁は どんな 名词₂ですか
　　8. そうですね

第9课 ——————————————————————————————— 58
Ⅰ．单词
Ⅱ．翻译
　　句型与例句
　　会话
　　　　真遗憾
Ⅲ．参考词汇与信息
　　　　音乐・体育・电影

Ⅳ．语法解释
1. 名词が あります／わかります
　名词が 好きです／嫌いです／
　上手です／下手です
2. どんな 名词
3. よく／だいたい／たくさん／少し／
　あまり／全然
4. ～から、～
5. どうして

第10课 ——————————————————————————————— 64
Ⅰ．单词
Ⅱ．翻译
　　句型与例句
　　会话
　　　　有鱼酱吗？
Ⅲ．参考词汇与信息
　　　　家里

Ⅳ．语法解释
1. 名词が あります／います
2. 场所に 名词が あります／います
3. 名词は 场所に あります／います
4. 名词₁(物／人／场所)の
　名词₂(位置)
5. 名词₁や 名词₂
6. アジアストアですか

第11课 ——————————————————————————————— 70
Ⅰ．单词
Ⅱ．翻译
　　句型与例句
　　会话
　　　　请寄一下这个
Ⅲ．参考词汇与信息
　　　　菜单

Ⅳ．语法解释
1. 数量的数法
2. 数量词的用法
3. 数量词(期间)に 一回 动词
4. 数量词だけ／名词だけ

第12课 ——————————————————————————————— 76
Ⅰ．单词
Ⅱ．翻译
　　句型与例句
　　会话
　　　　祇园祭怎么样？
Ⅲ．参考词汇与信息
　　　　传统节庆与旅游胜地

Ⅳ．语法解释
1. 名词句、な形容词句的时态：肯定・否定
2. い形容词句的时态：肯定・否定
3. 名词₁は 名词₂より 形容词です
4. 名词₁と 名词₂と どちらが 形容词ですか
　……名词₁／名词₂の ほうが 形容词です
5. 名词₁[の 中]で 何／どこ／だれ／
　いつ が いちばん 形容词ですか
　……名词₂が いちばん 形容词です
6. 形容词の(代替名词使用的「の」)

第13课 82
Ⅰ．单词
Ⅱ．翻译
　　句型与例句
　　会话
　　　　请分开算
Ⅲ．参考词汇与信息
　　　　城市里

Ⅳ．语法解释
1. 名词が 欲(ほ)しいです
2. 动词ます形たいです
3. 名词(场所)へ ｛动词ます形／名词｝に 行(い)きます／来(き)ます／帰(かえ)ります
4. どこか／何(なに)か
5. ご～

第14课 88
Ⅰ．单词
Ⅱ．翻译
　　句型与例句
　　会话
　　　　请去绿町
Ⅲ．参考词汇与信息
　　　　车站

Ⅳ．语法解释
1. 动词的类型
2. 动词て形
3. 动词て形 ください
4. 动词て形 います
5. 动词ます形ましょうか
6. 名词が 动词
7. すみませんが

第15课 94
Ⅰ．单词
Ⅱ．翻译
　　句型与例句
　　会话
　　　　你家里都有什么人？
Ⅲ．参考词汇与信息
　　　　职业

Ⅳ．语法解释
1. 动词て形も いいですか
2. 动词て形は いけません
3. 动词て形 います
4. 名词に 动词
5. 名词₁に 名词₂を 动词

第16课 100
Ⅰ．单词
Ⅱ．翻译
　　句型与例句
　　会话
　　　　请教我一下使用方法
Ⅲ．参考词汇与信息
　　　　自动柜员机的使用方法

Ⅳ．语法解释
1. 连接两个以上句子的方法
2. 动词₁て形から、动词₂
3. 名词₁は 名词₂が 形容词
4. 名词を 动词
5. どうやって
6. どれ／どの 名词

第17课 ······ 106
Ⅰ．单词
Ⅱ．翻译
　　句型与例句
　　会话
　　　怎么啦？
Ⅲ．参考词汇与信息
　　身体·疾病

Ⅳ．语法解释
1. 动词ない形
2. 动词ない形ないで ください
3. 动词ない形なければ なりません
4. 动词ない形なくても いいです
5. 宾语的主题化
6. 名词(时间)までに 动词

第18课 ······ 112
Ⅰ．单词
Ⅱ．翻译
　　句型与例句
　　会话
　　　爱好是什么？
Ⅲ．参考词汇与信息
　　动作

Ⅳ．语法解释
1. 动词字典形
2. 名词 / 动词字典形 こと } が できます
3. わたしの 趣味(しゅみ)は { 名词 / 动词字典形 こと } です
4. { 动词₁字典形 / 名词の / 数量词(期间) } まえに、动词₂
5. なかなか
6. ぜひ

第19课 ······ 118
Ⅰ．单词
Ⅱ．翻译
　　句型与例句
　　会话
　　　减肥从明天开始
Ⅲ．参考词汇与信息
　　传统文化与娱乐

Ⅳ．语法解释
1. 动词た形
2. 动词た形 ことが あります
3. 动词₁た形り、动词₂た形り します
4. い形容词(～い)→～く / な形容词[な]→～に / 名词に } なります

第20课 ······ 124
Ⅰ．单词
Ⅱ．翻译
　　句型与例句
　　会话
　　　一起去好吗？
Ⅲ．参考词汇与信息
　　称呼

Ⅳ．语法解释
1. 敬体和简体
2. 敬体和简体的区别
3. 简体的会话

第21课 ……………………………………………………………………… 130

Ⅰ. 单词
Ⅱ. 翻译
　　句型与例句
　　会话
　　　　我也这么认为
Ⅲ. 参考词汇与信息
　　　　职衔

Ⅳ. 语法解释
1. 普通形と 思(おも)います
2. "句子"／普通形 と 言(い)います
3. 动词／い形容词 } 普通形
   な形容词 } 普通形
   名词 } ～だ } でしょう？
4. 名词₁(场所)で 名词₂が あります
5. 名词(场面)で
6. 名词でも 动词
7. 动词ない形ないと……

第22课 ……………………………………………………………………… 136

Ⅰ. 单词
Ⅱ. 翻译
　　句型与例句
　　会话
　　　　要找什么样的房子？
Ⅲ. 参考词汇与信息
　　　　服装

Ⅳ. 语法解释
1. 名词修饰句节
2. 动词字典形
   時間(じかん)／約束(やくそく)／用事(ようじ)
3. 动词ます形ましょうか

第23课 ……………………………………………………………………… 142

Ⅰ. 单词
Ⅱ. 翻译
　　句型与例句
　　会话
　　　　怎么走？
Ⅲ. 参考词汇与信息
　　　　道路・交通

Ⅳ. 语法解释
1. 动词字典形
   动词ない形ない
   い形容词(～い)
   な形容词な
   名词の } とき、～(主句)
2. 动词字典形
   动词た形 } とき、～(主句)
3. 动词字典形と、～(主句)
4. 名词が 形容词
5. 名词を 移动动词

第24课 ·········· 148

Ⅰ．单词
Ⅱ．翻译
　　句型与例句
　　会话
　　　　去给你帮忙吧
Ⅲ．参考词汇与信息
　　　　互赠礼品的习惯

Ⅳ．语法解释
1. くれます
2. 动词て形 { あげます / もらいます / くれます }
3. 名词₁は　名词₂が　动词

第25课 ·········· 154

Ⅰ．单词
Ⅱ．翻译
　　句型与例句
　　会话
　　　　承蒙多方关照
Ⅲ．参考词汇与信息
　　　　人的一生

Ⅳ．语法解释
1. 普通形过去ら、～(主句)
2. 动词た形ら、～(主句)
3. 动词て形
　　动词ない形なくて
　　い形容词(い)→～くて
　　な形容词[な]→～で
　　名词で   } も、～(主句)
4. もし
5. 从属句中的主语

专栏1：主题和主语 ·········· 160
专栏2：句节 ·········· 163

附录
Ⅰ．数字 ·········· 164
Ⅱ．时间的表示 ·········· 165
Ⅲ．期间的表示 ·········· 167
Ⅳ．量词 ·········· 168
Ⅴ．动词的活用 ·········· 170

日语的特点

1. **词类** 日语的词类有动词、形容词、名词、副词、接续词、助词等。
2. **语序** 谓语放在句尾。修饰语放在被修饰语之前。
3. **谓语** 日语可以作谓语的有动词、形容词、名词+です（だ）。

   谓语会因是肯定还是否定、或是过去还是非过去等发生形态变化。日语中没有因人称、性、数而引起的变化。
4. **助词** 在词汇或句子的后面使用助词。助词用以表示词语与词语之间的关系，还可表达各种附加意思。
5. **省略** 主语或宾语在根据上下文关系可以清楚所指时往往被省略。

日语的文字

日语的文字分为三种、有平假名、片假名和汉字。

平假名和片假名是表音文字。汉字为表意文字，在表音的同时也表意。

日语在一个句子中可以同时使用平假名、片假名和汉字。外国的人名、地名和外来语用片假名书写。平假名可以用来表记助词以及动词、形容词的活用部分。

除此之外，还使用有面向外国人的罗马字。比如可以看到的车站站名的表示等。

田中 さん は ミラー さん と デパート へ 行 きます。
○　□　□　△　□　□　△　□　○　□

田中和米勒一起去百货商店。

大阪　Osaka
○　　☆

(○－汉字　□－平假名　△－片假名　☆－罗马字)

预备课程

Ⅰ．日语的发音

1. 假名和拍节

日语的语音可以像下面这样用假名来表示。

所谓拍节是日语音韵的单位，一拍相当于一个假名（拗音为两个字母）发音的长度。

日语有あ（a）、い（i）、う（u）、え（e）、お（o）这五个母音，这些母音除了可以单独使用以外，还可以在前面加上子音或子音和半母音（y）构成一个音节。(例如：k+a ＝か k+y+a ＝きゃ)(「ん」是例外)。这些音节都以几乎相同的长短发音。

	あ段	い段	う段	え段	お段
あ行	あ ア a	い イ i	う ウ u	え エ e	お オ o
か行 k	か カ ka	き キ ki	く ク ku	け ケ ke	こ コ ko
さ行 s	さ サ sa	し シ shi	す ス su	せ セ se	そ ソ so
た行 t	た タ ta	ち チ chi	つ ツ tsu	て テ te	と ト to
な行 n	な ナ na	に ニ ni	ぬ ヌ nu	ね ネ ne	の ノ no
は行 h	は ハ ha	ひ ヒ hi	ふ フ fu	へ ヘ he	ほ ホ ho
ま行 m	ま マ ma	み ミ mi	む ム mu	め メ me	も モ mo
や行 y	や ヤ ya	(い イ)(i)	ゆ ユ yu	(え エ)(e)	よ ヨ yo
ら行 r	ら ラ ra	り リ ri	る ル ru	れ レ re	ろ ロ ro
わ行 w	わ ワ wa	(い イ)(i)	(う ウ)(u)	(え エ)(e)	を ヲ o
	ん ン n				

例： あ ア ── 平假名 / 片假名 / a ── 罗马字

きゃ キャ kya	きゅ キュ kyu	きょ キョ kyo
しゃ シャ sha	しゅ シュ shu	しょ ショ sho
ちゃ チャ cha	ちゅ チュ chu	ちょ チョ cho
にゃ ニャ nya	にゅ ニュ nyu	にょ ニョ nyo
ひゃ ヒャ hya	ひゅ ヒュ hyu	ひょ ヒョ hyo
みゃ ミャ mya	みゅ ミュ myu	みょ ミョ myo
りゃ リャ rya	りゅ リュ ryu	りょ リョ ryo

	あ段	い段	う段	え段	お段
が行 g	が ガ ga	ぎ ギ gi	ぐ グ gu	げ ゲ ge	ご ゴ go
ざ行 z	ざ ザ za	じ ジ ji	ず ズ zu	ぜ ゼ ze	ぞ ゾ zo
だ行 d	だ ダ da	ぢ ヂ ji	づ ヅ zu	で デ de	ど ド do
ば行 b	ば バ ba	び ビ bi	ぶ ブ bu	べ ベ be	ぼ ボ bo
ぱ行 p	ぱ パ pa	ぴ ピ pi	ぷ プ pu	ぺ ペ pe	ぽ ポ po

ぎゃ ギャ gya	ぎゅ ギュ gyu	ぎょ ギョ gyo
じゃ ジャ ja	じゅ ジュ ju	じょ ジョ jo
びゃ ビャ bya	びゅ ビュ byu	びょ ビョ byo
ぴゃ ピャ pya	ぴゅ ピュ pyu	ぴょ ピョ pyo

右边的片假名没有列入上表。这些原本是日语中没有的语音，用来表记外来语。

```
                       ウィ wi           ウェ we    ウォ wo
                                         シェ she
                                         チェ che
ツァ tsa                                  ツェ tse   ツォ tso
ファ fa     ティ ti     トゥ tu           フェ fe    フォ fo
                                         ジェ je
           ディ di     ドゥ du
                       デュ dyu
```

2. 长母音

日语有「あ」、「い」、「う」、「え」、「お」五个短母音，把这些短母音拉长了的发音叫做长母音。短母音的发音为一拍，相对与此长母音的发音为两拍。

是短母音还是长母音，其单词的意思也会因此而不同。

例：おばさん(阿姨)：おばあさん(奶奶、姥姥)

おじさん(叔叔)：おじいさん(爷爷、姥爷)

ゆき(雪)：ゆうき(勇气)

え(画儿)：ええ(欸)

とる(拿、取)：とおる(通过)

ここ(这里)：こうこう(高中)

へや(房间)：へいや(平原)

カード(卡片)　タクシー(出租车)　スーパー(超市)

エスカレーター(自动扶梯)　ノート(笔记本)

[注]

1) 平假名的表记

「あ段」、「い段」、「う段」的长音，分别在后面加上「あ」「い」「う」。

「え段」的长音后加「い」。

(例外：ええ(欸)、ねえ(喂)、おねえさん(大姐)等)

「お段」的长音后加「う」。

(例外：おおきい(大)、おおい(多)、とおい(远)等)

2) 片假名的表记

使用长音符号「ー」。

3. 拨音

「ん」不出现在词头。其发音长度为一拍。

「ん」受其后音节的影响，会变化为较易发音的 /n//m//ŋ/ 等。

① 在「た行」「だ行」「ら行」「な行」的音节之前发 /n/ 的音。

例：はんたい(相反)　うんどう(运动)　せんろ(铁道)　みんな(大家)

② 在「ば行」「ぱ行」「ま行」的音节之前发 /m/ 的音。

例：しんぶん(报纸)　えんぴつ(铅笔)　うんめい(命运)

③ 在「か行」「が行」的音节之前发 /ŋ/ 的音。

例：てんき(天气)　けんがく(参观)

4. 促音

「っ」的发音长度为一拍，出现在「か行」「さ行」「た行」「ぱ行」音之前。在表记外来语时也用于「ザ行」「ダ行」等音之前。

例：ぶか（下属）：ぶっか（物价）

かさい（火灾）：かっさい（喝采）

おと（声音）：おっと（丈夫）

にっき（日记）　ざっし（杂志）　きって（邮票）

いっぱい（一杯）　コップ（杯子）　ベッド（床）

5. 拗音

带有小假名「ゃ」「ゅ」「ょ」表示的音节叫做拗音。拗音虽然是两个假名，但发音为一拍。

例：ひやく（飞跃）：ひゃく（一百）

じゆう（自由）：じゅう（十）

びよういん（美发店）：びょういん（医院）

シャツ（衬衫）　おちゃ（茶）　ぎゅうにゅう（牛奶）　きょう（今天）

ぶちょう（部长）　りょこう（旅行）

6.「が」行的发音

「が行」的子音在词头发［g］的音，其他发［ŋ］的音。但最近也有人不再区别［g］［ŋ］的差异，都发成［g］的音。

7. 母音的无声化

母音［i］や［u］加在无声子音之间时会有无声化，听不到发音倾向。另外「～です」「～ます」最后的［u］也会有无声化的倾向。

例：すき（喜欢）　したいです（想做）　ききます（听）

8. 重音

日语是有高低重音的语言。在一个单词中有发高音的拍节，也有发低音的拍节。重音分为4个类型，类型不同意思也会发生变化。

标准发音有一个特点就是第一拍和第二拍的高低音调不同，一旦降调就不会再转为升调。

重音的类型

① 平板型(没有下转点)

例：に￣わ(庭院)　は￣な(鼻子)　な￣まえ(名字)　に￣ほんご(日语)

② 头高型(在词头有下转点)

例：ほ￢ん(书)　て￢んき(天气)　ら￢いげつ(下个月)

③ 中间高型(在词中有下转点)

例：た￣ま￢ご(鸡蛋)　ひ￣こ￢うき(飞机)　せ￣んせ￢い(老师)

④ 尾高型(在词尾有下转点)

例：く￣つ￢(鞋)　は￣な￢(花)　や￣すみ￢(假日)　お￣とうと￢(弟弟)

①的は￣な(鼻子)和④的は￣な￢(花)的发音相似，但如果后接助词「が」时，①的发音为は￣なが、而④的发音是は￣な￢が，重音的类型不同。像这样重音的类型不同，带来意思上的不同的，其他还有以下这样的例子。

例：は￣し￢(桥)：は￢し(筷子)　　い￣ち￢(一)：い￢ち(位置)

另外，重音有地区的差异性。例如大阪地区的重音与标准发音就有着很大的不同。下面就是其中的例子。

例：东京重音　：　大阪重音

（标准重音）

　　　　　は￣な：は￢な　　　（花）

　　　　　り￢んご：り￣んご￢　（苹果）

　　　　　お￢んがく：お￣んがく　（音乐）

9. 音调

音调有①平调 ②升调 ③降调 三种类型。疑问句为升调，其他句子多用平调。但在表示同意或失望的语气时也有用降调的时候。

例：佐藤　：あした　友達（ともだち）と　お花見（はなみ）を　します。【→ 平调】

　　　　　ミラーさんも　いっしょに　行きませんか。【↗ 升调】

　　ミラー：いいですね。【↘ 降调】

　　佐藤：我明天和朋友去赏樱花。

　　　　　米勒你也一起去好吗？

　　米勒：啊，那好啊。

II．课堂用语

1. 始めましょう。 　　　　　　　　現在开始上课。
2. 終わりましょう。 　　　　　　　下课吧。
3. 休みましょう。 　　　　　　　　休息一下吧。
4. わかりますか。 　　　　　　　　懂了吗？
　　……はい、わかります。／ 　　……嗯，懂了。／不，没懂。
　　　　いいえ、わかりません。
5. もう 一度［お願いします］。 　　［请］再来一遍。
6. いいです。 　　　　　　　　　　可以了。
7. 違います。 　　　　　　　　　　不对。
8. 名前 　　　　　　　　　　　　　姓名
9. 試験、宿題 　　　　　　　　　　考试（测验）、作业
10. 質問、答え、例 　　　　　　　　提问、回答、例句

III．日常用语

1. おはよう ございます。 　　　　早上好。
2. こんにちは。 　　　　　　　　　你好。
3. こんばんは。 　　　　　　　　　晚上好。
4. お休みなさい。 　　　　　　　　晚安。
5. さようなら。 　　　　　　　　　再见。
6. ありがとう ございます。 　　　谢谢。
7. すみません。 　　　　　　　　　对不起。
8. お願いします。 　　　　　　　　拜托了。

课堂指示语法用语

日文	中文	日文	中文
第一課（だいいっか）	第一课	活用（かつよう）	活用
文型（ぶんけい）	句型	フォーム	动词形态
例文（れいぶん）	例句	〜形（けい）	〜形
会話（かいわ）	会话	修飾（しゅうしょく）	修饰
練習（れんしゅう）	练习	例外（れいがい）	例外
問題（もんだい）	练习题		
答え（こたえ）	回答、答案	名詞（めいし）	名词
読み物（よみもの）	阅读材料	動詞（どうし）	动词
復習（ふくしゅう）	复习	形容詞（けいようし）	形容词
		い形容詞（けいようし）	い形容词
目次（もくじ）	目录、目次	な形容詞（けいようし）	な形容词
		助詞（じょし）	助词
索引（さくいん）	索引	副詞（ふくし）	副词
		接続詞（せつぞくし）	接续词
文法（ぶんぽう）	语法	数詞（すうし）	数词
文（ぶん）	句子	助数詞（じょすうし）	量词
		疑問詞（ぎもんし）	疑问词
単語（語）（たんご・ご）	单词		
句（く）	短句	名詞文（めいしぶん）	名词句
節（せつ）	句节	動詞文（どうしぶん）	动词句
		形容詞文（けいようしぶん）	形容词句
発音（はつおん）	发音		
母音（ぼいん）	母音（元音）	主語（しゅご）	主语
子音（しいん）	子音（辅音）	述語（じゅつご）	谓语
拍（はく）	拍节	目的語（もくてきご）	宾语
アクセント	重音	主題（しゅだい）	主题
イントネーション	语调		
		肯定（こうてい）	肯定
[か]行（ぎょう）	[か]行	否定（ひてい）	否定
[い]列（れつ）	[い]段	完了（かんりょう）	完成式
		未完了（みかんりょう）	未完成式
丁寧体（ていねいたい）	敬体	過去（かこ）	过去式
普通体（ふつうたい）	简体	非過去（ひかこ）	非过去式

凡　例

1. "Ⅰ．单词"中所用符号类

① ～ 替代词汇及句子。

　　例：～から 来(き)ました。　从～来的。

② － 替代数字。

　　例：－歳(さい)　－岁

③ 可以省略的语句放在 [　　] 里。

　　例：どうぞ　よろしく　[お願(ねが)いします]。　请多关照。

④ 有另外的表现时，放在(　　)里。

　　例：だれ（どなた）　谁（哪位）

⑤ 带有＊符号的词语是作为关联词列出的，在那一课中并没有出现的词汇。

⑥ 〈練習(れんしゅう)C〉中列举的是在练习C中出现的词汇、表现类。

⑦ 〈会話(かいわ)〉中列举的是在会话中出现的词汇、表现类。

第1课

I. 单词

わたし		我
あなた		你、您
あの ひと（あの かた）	あの 人（あの 方）	他、她、那个人（「あの かた」是「あの ひと」的礼貌说法）
～さん		先生、女士、同志（称呼人时，为了表示礼貌接在名字后面的接尾词）
～ちゃん		（代替「～さん」接在小孩子名字后面的接尾词）
～じん	～人	～人（表示国籍的接尾词。例如：アメリカじん［美国人］）
せんせい	先生	老师（在指自己的职业时不用）
きょうし	教師	教师
がくせい	学生	学生
かいしゃいん	会社員	公司职员
しゃいん	社員	公司职员（和公司名一起用。例如：IMCの しゃいん）
ぎんこういん	銀行員	银行行员
いしゃ	医者	医生
けんきゅうしゃ	研究者	研究人员
だいがく	大学	大学
びょういん	病院	医院
だれ（どなた）		谁（哪位）（「どなた」是「だれ」的礼貌说法）
－さい	－歳	－岁
なんさい（おいくつ）	何歳	几岁（多大岁数）（「おいくつ」是「なんさい」的礼貌说法）
はい		是、对
いいえ		不、不是

〈練習 C〉

初めまして。	初次见面。（自我介绍时，最初讲的话）
～から 来ました。	是从～来的。
［どうぞ］よろしく［お願いします］。	请多关照。（自我介绍时，最后讲的话）
失礼ですが	对不起、请问
お名前は？	您贵姓？您叫什么名字？
こちらは ～さんです。	这位是～。

アメリカ	美国
イギリス	英国
インド	印度
インドネシア	印度尼西亚、印尼
韓国	韩国
タイ	泰国
中国	中国
ドイツ	德国
日本	日本
ブラジル	巴西
IMC／パワー電気／ブラジルエアー	（虚构的公司）
AKC	（虚构的机关）
神戸病院	（虚构的医院）
さくら大学／富士大学	（虚构的大学）

II. 翻译

句型
1. 我是迈克·米勒。
2. 桑托斯不是学生。
3. 米勒是公司职员吗？
4. 桑托斯也是公司职员。

例句
1. 你是迈克·米勒先生吗？
   ……是的，我是迈克·米勒。
2. 米勒是学生吗？
   ……不是，我不是学生。
3. 王先生是银行行员吗？
   ……不是，王先生不是银行行员，
   是医生。
4. 那个人是谁？
   ……他是瓦特教授，樱花大学的老师。
5. 古普是公司职员吗？
   ……对，他是公司职员。
   卡莉娜也是公司职员吗？
   ……不，她是学生。
6. 特蕾娜几岁了？
   ……9 岁。

会话

初次见面

佐藤：早上好。
山田：早上好。
　　　佐藤，这位是迈克·米勒。
米勒：初次见面。
　　　我是迈克·米勒。
　　　从美国来的。
　　　请多多关照。
佐藤：我是佐藤桂子。
　　　请多多关照。

III. 参考词汇与信息

国(くに)・人(ひと)・ことば　　国家・人・语言

国(くに)　国家	人(ひと)　人	ことば　语言
アメリカ（美国）	アメリカ人(じん)	英語(えいご)（英语）
イギリス（英国）	イギリス人(じん)	英語(えいご)（英语）
イタリア（意大利）	イタリア人(じん)	イタリア語(ご)（意大利语）
イラン（伊朗）	イラン人(じん)	ペルシア語(ご)（波斯语）
インド（印度）	インド人(じん)	ヒンディー語(ご)（印地语）
インドネシア（印度尼西亚）	インドネシア人(じん)	インドネシア語(ご)（印度尼西亚语）
エジプト（埃及）	エジプト人(じん)	アラビア語(ご)（阿拉伯语）
オーストラリア（澳大利亚）	オーストラリア人(じん)	英語(えいご)（英语）
カナダ（加拿大）	カナダ人(じん)	英語(えいご)（英语） フランス語(ご)（法语）
韓国(かんこく)（韩国）	韓国人(かんこくじん)	韓国語(かんこくご)（韩国语）
サウジアラビア（沙特阿拉伯）	サウジアラビア人(じん)	アラビア語(ご)（阿拉伯语）
シンガポール（新加坡）	シンガポール人(じん)	英語(えいご)（英语）
スペイン（西班牙）	スペイン人(じん)	スペイン語(ご)（西班牙语）
タイ（泰国）	タイ人(じん)	タイ語(ご)（泰语）
中国(ちゅうごく)（中国）	中国人(ちゅうごくじん)	中国語(ちゅうごくご)（汉语）
ドイツ（德国）	ドイツ人(じん)	ドイツ語(ご)（德语）
日本(にほん)（日本）	日本人(にほんじん)	日本語(にほんご)（日语）
フランス（法国）	フランス人(じん)	フランス語(ご)（法语）
フィリピン（菲律宾）	フィリピン人(じん)	フィリピノ語(ご)（菲律宾语）
ブラジル（巴西）	ブラジル人(じん)	ポルトガル語(ご)（葡萄牙语）
ベトナム（越南）	ベトナム人(じん)	ベトナム語(ご)（越南语）
マレーシア（马来西亚）	マレーシア人(じん)	マレーシア語(ご)（马来西亚语）
メキシコ（墨西哥）	メキシコ人(じん)	スペイン語(ご)（西班牙语）
ロシア（俄罗斯）	ロシア人(じん)	ロシア語(ご)（俄语）

IV. 语法解释

1. 名词₁は 名词₂です

1) 助词「は」

助词「は」用来表示其前面的名词（名词₁）是句子的主题（参考"主题与主语"）。说话人用「は」来提示想说的主题，其后加入各种各样的叙述构成句子。

① わたしは マイク・ミラーです。　　　　我是迈克·米勒。

[注] 助词「は」读作「わ」。

2) 「です」

名词加上「です」构成谓语。「です」在表示判断、断定的意思的同时，也表示说话人对听话人的礼貌的态度。「です」在否定句（参考2）和过去时态（参考第12课）中要发生形态变化。

② わたしは 会社員です。　　　　　　　　我是公司职员。

2. 名词₁は 名词₂じゃ（では）ありません

「じゃ（では）ありません」是「です」的否定形。在日常会话中经常使用「じゃありません」这一形式。而在正式场合的演讲以及书面语中则使用「では ありません」。

③ サントスさんは 学生じゃ ありません。　　桑托斯不是学生。
　　　　　　　　　　（では）

[注] 「では」的「は」读作「わ」。

3. 名词₁は　名词₂ですか （疑问句）

1) 助词「か」

助词「か」表示说话人不肯定、或疑问的语气。「か」放在句尾构成疑问句。疑问句的句尾一般用升调。

2) 询问陈述的内容是否正确的疑问句

在句尾加上助词「か」构成疑问句，句子的语序不变。这是询问陈述的内容是否正确时使用的疑问句，在做肯定回答时先答「はい」，否定回答时则先答「いいえ」。

④ ミラーさんは アメリカ人ですか。　　　米勒是美国人吗？
　　……はい、アメリカ人です。　　　　　……对，是美国人。

⑤ ミラーさんは 先生ですか。　　　　　　米勒是老师吗？
　　……いいえ、先生じゃ ありません。　　……不，不是老师。

3) 带有疑问词的疑问句

想要得知的内容的部分换上疑问词，句子的语序不变，句尾加「か」。

⑥ あの 方は どなたですか。　　　　　　那位是谁？
　　……[あの 方は] ミラーさんです。　　……[那位] 是米勒先生。

4. 名词も

「も」用于将相同事物作为前提加以陈述时。

⑦ ミラーさんは 会社員です。グプタさんも 会社員です。
   米勒是公司职员。古普也是公司职员。

5. 名词₁の 名词₂

前面的名词₁修饰后面的名词₂时，用「の」来连接两个名词。在第一课中，名词₁表示名词₂的属性。

⑧ ミラーさんは IMCの 社員です。　　米勒是IMC公司的职员。

6. ～さん

日语中在听话人和第三者的姓名后要加「さん」。因为「さん」是用来表达敬意的，所以不能用于说话人自己的姓名之后。称呼小孩子时一般用「ちゃん」来代替「さん」，以表示亲昵。

⑨ あの 方は ミラーさんです。　　那位是米勒先生。

如果知道听话人的姓名时，在称呼他时一般是在姓氏之后加上「さん」，而不用「あなた」。

⑩ 鈴木：ミラーさんは 学生ですか。　　铃木：米勒是学生吗？
　　ミラー：いいえ、会社員です。　　米勒：不是，我是公司职员。

[注]「あなた」用于有着非常亲密关系的人（夫妻、恋人等）。如果在此之外的场合使用的话，会给对方不太礼貌的印象，使用时要加以注意。

第2课

I. 単词

これ		这（离说话人近的东西）
それ		那（离听话人近的东西）
あれ		那（离说话人、听话人都远的东西）
この ～		这个
その ～*		那个
あの ～*		那个
ほん	本	书
じしょ	辞書	字典
ざっし	雑誌	杂志
しんぶん	新聞	报纸
ノート		笔记本
てちょう	手帳	记事本
めいし	名刺	名片
カード		卡片
えんぴつ	鉛筆	铅笔
ボールペン		圆珠笔
シャープペンシル		自动铅笔
かぎ		钥匙
とけい	時計	钟表
かさ	傘	伞
かばん		皮包、提包
CD		CD、光盘
テレビ		电视
ラジオ		收音机
カメラ		照相机
コンピューター		电脑
くるま	車	汽车
つくえ	机	桌子
いす		椅子
チョコレート		巧克力
コーヒー		咖啡

[お]みやげ	[お]土産	礼物
えいご	英語	英语
にほんご	日本語	日语
～ご	～語	～语
なん	何	什么
そう		是

〈練習 C〉

あのう	欸……（用于以客气、踌躇的心情跟对方打招呼时）
えっ	嗨……（听到意外的消息时发出的惊叹）
どうぞ。	请。（用于劝别人做某事时）
[どうも] ありがとう [ございます]。	谢谢。
そうですか。	是吗。
違います。	不是。
あ	啊（用于意识到什么时）

〈会話〉

これから お世話に なります。	今后会给您添麻烦。
こちらこそ [どうぞ] よろしく [お願いします]。	也要请你们多多关照。（对[どうぞ]よろしく[おねがいします]的回答。）

II. 翻译

句型
1. 这是字典。
2. 那是我的伞。
3. 这本书是我的。

例句
1. 这是圆珠笔吗？
   ……对，是的。
2. 那是笔记本吗？
   ……不，是记事本。
3. 那是什么？
   ……是名片。
4. 这是"9"，还是"7"？
   ……是"9"。
5. 那是什么杂志？
   ……是电脑杂志。
6. 那是谁的皮包？
   ……是佐藤的皮包。
7. 这是米勒的吗？
   ……不，那不是我的。
8. 这把钥匙是谁的？
   ……是我的。

会话

今后会给您添麻烦

山田一郎：来啦，是哪位呀？
桑托斯： 我是408房间的桑托斯。
．．
桑托斯： 您好，我是桑托斯。
今后会给您添麻烦，
请多关照。
山田一郎：也请你多关照。
桑托斯： 啊，这个，是咖啡，请收下。
山田一郎：谢谢。

III. 参考词汇与信息

名前(なまえ) 姓氏

日本常见姓氏

1	佐藤(さとう)	2	鈴木(すずき)	3	高橋(たかはし)	4	田中(たなか)
5	渡辺(わたなべ)	6	伊藤(いとう)	7	山本(やまもと)	8	中村(なかむら)
9	小林(こばやし)	10	加藤(かとう)	11	吉田(よしだ)	12	山田(やまだ)
13	佐々木(ささき)	14	斎藤(さいとう)	15	山口(やまぐち)	16	松本(まつもと)
17	井上(いのうえ)	18	木村(きむら)	19	林(はやし)	20	清水(しみず)

城岡啓二、村山忠重「日本の姓の全国順位データベース」より。 2011年8月公開
摘自城冈启二、村山忠重《日本姓氏全国排位数据资料》 2011年8月公布

打招呼

初(はじ)めまして。

⇦ 因工作关系第一次见面时要交换名片。

どうぞ よろしく お願(ねが)いします。

搬家时，迁到新居后最好带着毛巾、香皂或点心等小礼物去和周围的邻居寒暄一下。 ⇨

IV. 语法解释

1. これ／それ／あれ

「これ」「それ」「あれ」所指为物体，作为名词使用。
「これ」指离说话人近的物体。
「それ」指离听话人近的物体。
「あれ」指离说话人和听话人都比较远的物体。

① それは 辞書ですか。　　　　　　　　那是字典吗？
② これは だれの 傘ですか。　　　　　这是谁的伞？

2. この 名词／その 名词／あの 名词

修饰名词时使用「この」「その」「あの」。

③ この 本は わたしのです。　　　　　这本书是我的。
④ あの 方は どなたですか。　　　　　那一位是谁？

3. そうです

名词句中，对于询问是否的疑问句的肯定回答常常使用「そう」，可以回答说「はい、そうです」。

⑤ それは 辞書ですか。　　　　　　　那是字典吗？
　　……はい、そうです。　　　　　　……对，（那）是字典。

否定回答时一般不用「そう」，而多使用「ちがいます」（不是），或直接告知正确的答案。

⑥ それは ミラーさんのですか。　　　那是米勒的吗？
　　……いいえ、違います。　　　　　……不，不是。
⑦ それは シャープペンシルですか。　那是自动铅笔吗？
　　……いいえ、ボールペンです。　　……不，（那）是圆珠笔。

4. ～か、～か

这是对两个以上并列在一起的疑问句进行选择回答的疑问句形式。回答时不用加「はい」「いいえ」，直接重复选好的句子。

⑧ これは「9」ですか、「7」ですか。　　这是"9"，还是"7"？
　……「9」です。　　　　　　　　　　……是"9"。

5. 名词₁の 名词₂

在第1课中学习了名词₁修饰名词₂时，名词₁和名词₂之间可以用「の」来连接。在这一课中，我们来学习「の」下面的用法。

1) 名词₁是用来说明名词₂与什么事物有关系。

⑨ これは コンピューターの 本です。　　这是计算机的书。

2) 名词₁表示名词₂的所属。

⑩ これは わたしの 本です。　　这是我的书。

6. 代替名词使用的「の」

这里的「の」替代了前面出现的名词（在⑪中是「かばん」）。像⑪这样将其放在名词（さとうさん）之后使用的话，即相当于省略了「名词₁の名词₂（さとうさんの かばん）」中的名词₂（かばん）。这一「の」可以用于替代物品，但不能用来替代人。

⑪ あれは だれの かばんですか。　　那是谁的提包？
　……佐藤さんのです。　　　　　　……是佐藤的。

⑫ この かばんは あなたのですか。　　这个提包是你的吗？
　……いいえ、わたしのじゃ ありません。……不是，不是我的。

⑬ ミラーさんは IMCの 社員ですか。　　米勒是 IMC 公司的职员吗？
　……はい、IMCの 社員です。　　　　……对，（他）是 IMC 公司的职员。
　×　はい、IMCのです。

7. お～

「お」可以接续名词，表示郑重。（例如：「[お]みやげ」「[お]さけ」）。

8. そうですか

在听到新的信息时，用这句话来表示知道了。发音为降调。

⑭ この 傘は あなたのですか。　　这把伞是你的吗？
　……いいえ、違います。シュミットさんのです。　　……不是，那是胥米特的。
　そうですか。　　　　　　　　　　　　　　　　　　噢，是吗。

第3课

I. 单词

ここ		这里（离说话人近的场所）
そこ		那里（离听话人近的场所）
あそこ		那里（离说话人、听话人都远的场所）
どこ		哪里
こちら		这边（「ここ」的礼貌用语）
そちら		那边（「そこ」的礼貌用语）
あちら		那边（「あそこ」的礼貌用语）
どちら		哪边（「どこ」的礼貌用语）
きょうしつ	教室	教室
しょくどう	食堂	食堂
じむしょ	事務所	办事处、事务所
かいぎしつ	会議室	会议室
うけつけ	受付	接待处
ロビー		大厅、休息室
へや	部屋	房间
トイレ（おてあらい）	（お手洗い）	厕所（洗手间）
かいだん	階段	楼梯
エレベーター		电梯
エスカレーター		自动扶梯
じどうはんばいき	自動販売機	自动贩卖机
でんわ	電話	电话
［お］くに	［お］国	国家、故乡
かいしゃ	会社	公司
うち		家

くつ	靴	鞋
ネクタイ		领带
ワイン		葡萄酒
うりば	売り場	售货处
ちか	地下	地下
－かい（－がい）	－階	－层
なんがい*	何階	几层
－えん	－円	－日元
いくら		多少钱
ひゃく	百	百
せん	千	千
まん	万	万

〈練習C〉
すみません。	对不起。
どうも。	谢谢。

〈会話〉
いらっしゃいませ。	欢迎光临。（招呼来店的客人）
［～を］見せて ください。	让我看一下～。
じゃ	那么
［～を］ください。	请给我［～］。

イタリア	意大利
スイス	瑞士
フランス	法国
ジャカルタ	雅加达
バンコク	曼谷
ベルリン	柏林
新大阪	新大阪（大阪的车站名）

II. 翻译

句型

1. 这里是食堂。
2. 电梯在那边。

例句

1. 这里是新大阪吗？
    ……对，是的。
2. 洗手间在哪里？
    ……在那边。
3. 山田在哪里？
    ……在会议室。
4. 办事处在哪里？
    ……在那边。
5. 你是哪国人？
    ……美国。
6. 那是哪国的鞋？
    ……是意大利的鞋。
7. 这块手表多少钱？
    ……18,600 日元。

会话

请给我这个

售货员 A：欢迎光临。
玛丽亚：　请问，卖葡萄酒的柜台在哪儿？
售货员 A：在地下一层。
玛丽亚：　谢谢。

　　　　　………………………………………………

玛丽亚：　对不起，请把那瓶葡萄酒拿给我看一下。
售货员 B：好的，请看。
玛丽亚：　这是哪里的葡萄酒？
售货员 B：日本的。
玛丽亚：　多少钱？
售货员 B：2,500 日元。
玛丽亚：　那就给我这个吧。

III. 参考词汇与信息

デパート　　百货商店

屋上（おくじょう）	遊園地（ゆうえんち）	游乐园
8階（かい）	レストラン・催し物会場（もよおしものかいじょう）	餐厅・展览会场
7階（かい）	時計（とけい）・眼鏡（めがね）	钟表・眼镜
6階（かい）	スポーツ用品（ようひん）・旅行用品（りょこうようひん）	体育用品・旅游用品
5階（かい）	子ども服（ふく）・おもちゃ・本（ほん）・文房具（ぶんぼうぐ）	儿童服装・玩具・图书・文具
4階（かい）	家具（かぐ）・食器（しょっき）・電化製品（でんかせいひん）	家具・餐具・电器
3階（がい）	紳士服（しんしふく）	男服装
2階（かい）	婦人服（ふじんふく）	女服装
1階（かい）	靴（くつ）・かばん・アクセサリー・化粧品（けしょうひん）	鞋・皮包・首饰・化妆品
地下1階（ちかかい）	食品（しょくひん）	食品
地下2階（ちかかい）	駐車場（ちゅうしゃじょう）	停车场

IV. 语法解释

1. ここ／そこ／あそこ／こちら／そちら／あちら

「ここ」「そこ」「あそこ」表示场所。「ここ」指的是说话人所在的场所,「そこ」指的是听话人所在的场所,「あそこ」指的是离说话人和听话人都比较远的场所。
「こちら」「そちら」「あちら」表示方向,但也可以替代「ここ」「そこ」「あそこ」来指示眼前的场所,可以表示更为郑重的语气。

[注] 说话人把听话人视为与自己处在同一领域时,两者所在的场所用「ここ」,稍远的场所用「そこ」,更远的场所用「あそこ」。

2. 名词は 场所です

这个句型可以用来表示物体、场所、人等存在的场所。

① お手洗いは あそこです。　　　　洗手间在那边。
② 電話は 2階です。　　　　　　　电话在二楼。
③ 山田さんは 事務所です。　　　　山田在事务所。

3. どこ／どちら

「どこ」是询问场所,「どちら」是询问方向的疑问词。「どちら」也可用于询问场所时,这时其语气较之「どこ」更为郑重。

④ お手洗いは どこですか。　　　　洗手间在哪里?
　……あそこです。　　　　　　　……在那边。
⑤ エレベーターは どちらですか。　电梯在哪里?
　……あちらです。　　　　　　　……在那边。

另外，在询问国家、公司、学校等所属的场所和组织名称时，使用疑问词「どこ」「どちら」，而不是「なん」。「どちら」比「どこ」更为郑重。

⑥ 学校は どこですか。　　　　　学校是哪里？
⑦ 会社は どちらですか。　　　　公司是哪里？

4. 名词₁の 名词₂

名词₁是国家名称，名词₂是产品名称时，「名词₁の」则意味着是这个国家制造的。名词₁是公司名称，名词₂是产品名称时，「名词₁の」则意味着是这个公司制造的。这两种情况在疑问句中都使用疑问词「どこ」。

⑧ これは どこの コンピューターですか。　　这是哪里（生产）的计算机？
　　……日本の コンピューターです。　　　　……这是日本（生产）的计算机。
　　……パワー電気の コンピューターです。　……这是动力电气公司（生产）的计算机。

5. こ／そ／あ／ど（指示代词）一览表

	こ系列	そ系列	あ系列	ど系列
物	これ	それ	あれ	どれ（第16课）
物・人	この 名词	その 名词	あの 名词	どの 名词（第16课）
场所	ここ	そこ	あそこ	どこ
方向・场所（郑重）	こちら	そちら	あちら	どちら

6. お～

接头词「お～」放在与听话人和第三者有关事物之前，表达说话人的敬意。

⑨ ［お］国は どちらですか。　　　　您是从哪儿来的？

第4课

I. 单词

おきます	起きます	起床
ねます	寝ます	睡觉
はたらきます	働きます	工作、劳动
やすみます	休みます	休息
べんきょうします	勉強します	学习
おわります	終わります	结束
デパート		百货商店
ぎんこう	銀行	银行
ゆうびんきょく	郵便局	邮局
としょかん	図書館	图书馆
びじゅつかん	美術館	美术馆
いま	今	现在
ーじ	ー時	ー点
ーふん（ーぷん）	ー分	ー分
はん	半	半
なんじ	何時	几点
なんぷん*	何分	几分
ごぜん	午前	上午
ごご	午後	下午
あさ	朝	早晨
ひる	昼	白天
ばん（よる）	晩（夜）	晚上
おととい		前天
きのう		昨天
きょう		今天
あした		明天
あさって		后天
けさ		今天早上
こんばん	今晩	今晚、今天晚上
やすみ	休み	休息、休假
ひるやすみ	昼休み	午休

しけん	試験	考试
かいぎ	会議	会议（～を します：开会）
えいが	映画	电影
まいあさ	毎朝	每天早晨
まいばん	毎晩	每天晚上
まいにち	毎日	每天
げつようび	月曜日	星期一
かようび	火曜日	星期二
すいようび	水曜日	星期三
もくようび	木曜日	星期四
きんようび	金曜日	星期五
どようび	土曜日	星期六
にちようび	日曜日	星期天
なんようび	何曜日	星期几
～から		从～
～まで		到～
～と ～		～和～

〈練習C〉
大変ですね。　　　　　　　　　　够辛苦的啊。够累人的啊。

〈会話〉
番号（ばんごう）	号码
何番（なんばん）	几号
そちら	那边、你那边

・・

ニューヨーク	纽约
ペキン	北京
ロサンゼルス	洛杉矶
ロンドン	伦敦
あすか	（虚构的日本餐馆）
アップル銀行（ぎんこう）	（虚构的银行）
みどり図書館（としょかん）	（虚构的图书馆）
やまと美術館（びじゅつかん）	（虚构的美术馆）

II. 翻译

句型

1. 现在 4 点 5 分。
2. 我每天早上 6 点起床。
3. 我昨天学习了。

例句

1. 现在几点？
   ……2 点 10 分。
   纽约现在是几点？
   ……凌晨 0 点 10 分。
2. 星期几休息？
   ……星期六和星期天。
3. 苹果银行从几点到几点营业？
   ……从 9 点到 3 点。
4. 每天晚上几点睡觉？
   ……11 点睡。
5. 每天从几点学习到几点？
   ……每天从早上 9 点学习到下午 3 点。
6. 星期六上班吗？
   ……不，不上班。
7. 昨天学习了吗？
   ……没有，昨天没学习。

会话

你们那儿开到几点？

米勒： 请问，"明日香"的电话号码是多少？
佐藤： "明日香"吗？是 5275－2725。
米勒： 谢谢。
　　　　………………………………………………
店里的人：你好，这里是"明日香"。
米勒： 对不起，请问你们那儿开到几点？
店里的人：开到 10 点。
米勒： 星期几休息？
店里的人：星期天休息。
米勒： 是吗。谢谢。

III. 参考词汇与信息

電話・手紙　电话・书信

公用电话的使用方法

① 拿起电话筒　② 投入硬币或插入卡片　③ 按要打的电话号码*　④ 挂回电话筒　⑤ 取回卡片或退回的硬币

公用电话只能使用卡片或10日元和100日元的硬币。投入100日元硬币时，不会找零。
* 带有"开始"按键的电话机，在③之后按"开始"按键。

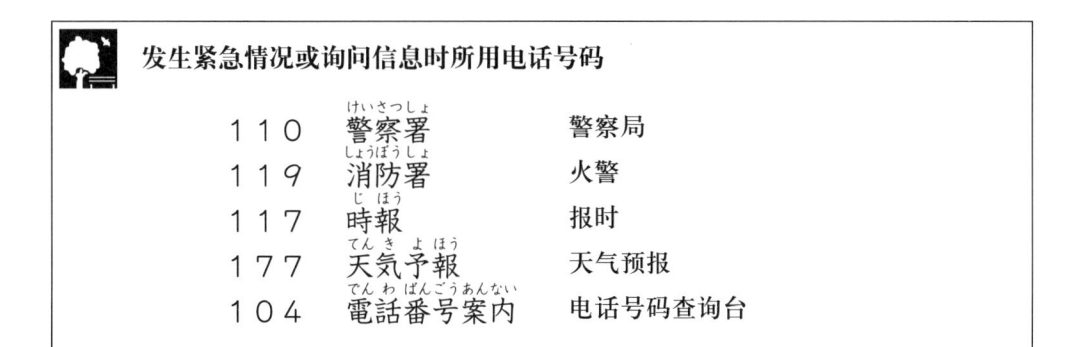

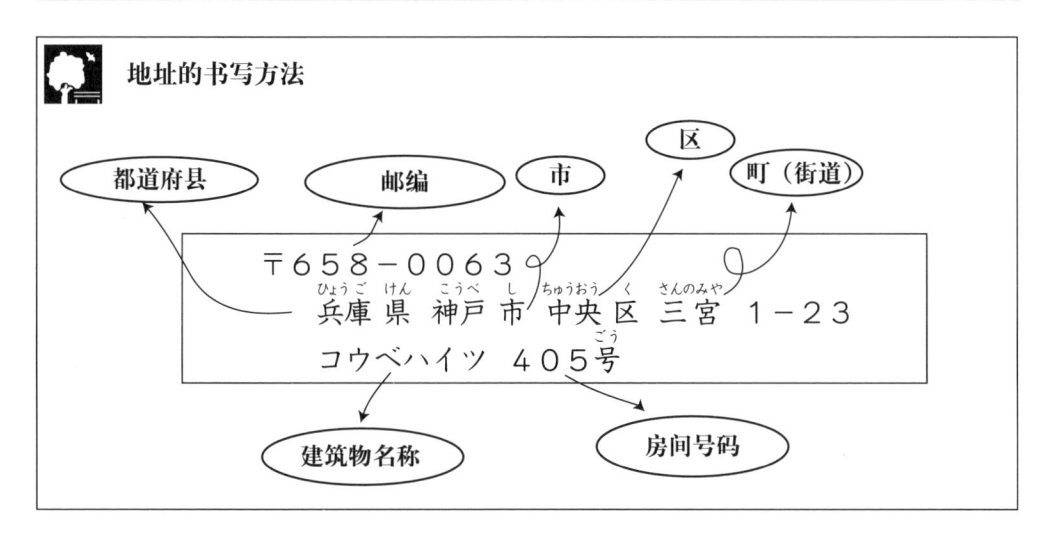

发生紧急情况或询问信息时所用电话号码

110	警察署（けいさつしょ）	警察局
119	消防署（しょうぼうしょ）	火警
117	時報（じほう）	报时
177	天気予報（てんきよほう）	天气预报
104	電話番号案内（でんわばんごうあんない）	电话号码查询台

地址的书写方法

都道府县　邮编　市　区　町（街道）

〒658－0063
兵庫県　神戸市　中央区　三宮　1－23
（ひょうごけん　こうべし　ちゅうおうく　さんのみや）
コウベハイツ　405号（ごう）

建筑物名称　房间号码

IV. 语法解释

1. 今 －時－分です

在数字后面加上量词「時」「分」表示时刻。
「分」在前面的数字是 2、5、7、9 时读作「ふん」，是 1、3、4、6、8、10 时读作「ぷん」。「ぷん」前面的 1、6、8、10 分别读作「いっ」「ろっ」「はっ」「じゅっ（じっ）」。
（参考本书附录）
询问时间时，在「じ」「ぷん」前加上「なん」。

① 今 何時ですか。　　　　　　　现在几点？
　……7時10分です。　　　　　……7点10分。

2. 动词ます／动词ません／动词ました／动词ませんでした

1) 动词ます是句子的谓语。「ます」表示说话人对听话人礼貌的态度。

② わたしは 毎日 勉強 します。　　我每天学习。

2) 动词ます用来叙述现在的习惯、真理或将来会发生的事情、行动。否定形和过去时的变化如下：

	非过去（现在・未来）	过去
肯定	おきます	おきました
否定	おきません	おきませんでした

③ 毎朝 6時に 起きます。　　　　每天早上6点起床。
④ あした 6時に 起きます。　　　明天6点起床。
⑤ けさ 6時に 起きました。　　　今天早上6点起的床。

3) 疑问句不改变语序，在句尾加「か」。疑问词放在要询问内容的部分。
回答时重复疑问句中的动词。「そうです」「ちがいます」（参考第2课）不能用作动词谓语疑问句的回答。

⑥ きのう 勉強 しましたか。　　　昨天学习了吗？
　……はい、勉強 しました。　　……是的，学习了。
　……いいえ、勉強 しませんでした。　……不，没有学习。
⑦ 毎朝 何時に 起きますか。　　　每天早上几点起床？
　……6時に 起きます。　　　　……6点起床。

3. 名词(时间)に 动词

在表示时间的名词后加上助词「に」，来表示动作进行的时间。

⑧ 6時半に 起きます。　　　　　6点半起床。

⑨ 7月2日に 日本へ 来ました。　　　7月2日来日的。(第5课)

[注1] 像下面这样表示时间的名词后面不加「に」。

きょう、あした、あさって、きのう、おととい、けさ、こんばん、いま、まいあさ、まいばん、まいにち、せんしゅう(第5课)、こんしゅう(第5课)、らいしゅう(第5课)、いつ(第5课)、せんげつ(第5课)、こんげつ(第5课)、らいげつ(第5课)、ことし(第5课)、らいねん(第5课)、きょねん(第5课) 等。

⑩ きのう 勉強しました。　　　昨天学习了。

[注2] 下面的名词后面可以加「に」，也可以不加。

　　～ようび、あさ、ひる、ばん、よる

⑪ 日曜日[に] 奈良へ 行きます。　　　星期天去奈良。(第5课)

4. 名词₁から 名词₂まで

1)「から」表示时间、场所的起点，「まで」表示时间、场所的终点。

⑫ 9時から 5時まで 勉強します。　　　从9点学习到5点。

⑬ 大阪から 東京まで 3時間 かかります。

　　从大阪到东京要3个小时。(第11课)

2)「から」和「まで」不仅经常一起使用，而且也可以单独使用。

⑭ 9時から 働きます。　　　9点开始工作。

3) 表示在主题中提起的名词的开始和结束的时间及日期时，可以在「～から」「～まで」「～から～まで」之后加「です」。

⑮ 銀行は 9時から 3時までです。　　　银行从9点营业到3点。

⑯ 昼休みは 12時からです。　　　午休从12点开始。

5. 名词₁と 名词₂

名词并列时，名词与名词之间用「と」连接。

⑰ 銀行の 休みは 土曜日と 日曜日です。

　　银行星期六和星期天休息。

6. ～ね

助词「ね」接在句尾，用于表示希望得到听话人的同意以及对某一事物加以确认、叮嘱的语气。

⑱ 毎日 10時まで 勉強します。　　　每天学习到10点。
　　……大変ですね。　　　……够辛苦的啊。

⑲ 山田さんの 電話番号は 871の 6813です。
　　山田的电话号码是871-6813。
　　……871の 6813ですね。　　　……是871-6813，对吧。

第 5 课

I. 单词

いきます	行きます	去
きます	来ます	来
かえります	帰ります	回
がっこう	学校	学校
スーパー		超市
えき	駅	车站
ひこうき	飛行機	飞机
ふね	船	船
でんしゃ	電車	电车
ちかてつ	地下鉄	地铁
しんかんせん	新幹線	新干线
バス		公共汽车
タクシー		出租车
じてんしゃ	自転車	自行车
あるいて	歩いて	走路
ひと	人	人
ともだち	友達	朋友
かれ*	彼	他、男朋友
かのじょ	彼女	她、女朋友
かぞく	家族	家族、家里人
ひとりで	一人で	一个人、自己
せんしゅう	先週	上周
こんしゅう	今週	这周
らいしゅう	来週	下周
せんげつ	先月	上个月
こんげつ*	今月	这个月
らいげつ	来月	下个月
きょねん	去年	去年
ことし*		今年
らいねん	来年	明年
－ねん*	－年	－年
なんねん*	何年	几年
－がつ	－月	－月
なんがつ*	何月	几月

ついたち	1日	1号
ふつか*	2日	2号、两天
みっか	3日	3号、三天
よっか*	4日	4号、四天
いつか*	5日	5号、五天
むいか	6日	6号、六天
なのか*	7日	7号、七天
ようか*	8日	8号、八天
ここのか	9日	9号、九天
とおか	10日	10号、十天
じゅうよっか	14日	14号、十四天
はつか*	20日	20号、二十天
にじゅうよっか*	24日	24号、二十四天
ー にち	ー 日	ー号、ー天
なんにち*	何日	几号、几天

いつ		什么时候

たんじょうび	誕生日	生日

〈練習C〉
そうですね。   是啊。

〈会話〉
[どうも] ありがとう ございました。   非常感谢。
どう いたしまして。   别客气。
一番線(いちばんせん)   第一站台
次(つぎ)の   下一个、下面
普通(ふつう)   普通列车、慢车
急行(きゅうこう)*   急行（快车）
特急(とっきゅう)*   特快

....

甲子園(こうしえん)   甲子园（大阪附近的街名）
大阪城(おおさかじょう)   大阪城（大阪有名的城郭）

II. 翻译

句型

1. 我去京都。
2. 我坐出租车回家。
3. 我是和家人来日本的。

例句

1. 明天去哪儿？
   ……去奈良。
2. 星期天去哪儿了？
   ……哪儿也没去。
3. 坐什么去东京？
   ……坐新干线去。
4. 你和谁去东京？
   ……和山田去。
5. 你什么时候来日本的？
   ……3月25号来的。
6. 你生日是哪天？
   ……6月13号。

会话

    这趟电车去甲子园吗？

桑托斯：请问，到甲子园多少钱？
女乘客：350日元。
桑托斯：350日元，对吧。谢谢。
女乘客：不客气。
    ……………………………………
桑托斯：请问，到甲子园是几号站台？
站务员：5号站台。
桑托斯：谢谢。
    ……………………………………
桑托斯：请问，这趟电车去甲子园吗？
男乘客：不去。下一趟"慢车"去。
桑托斯：是吗。谢谢。

III. 参考词汇与信息

祝祭日（しゅくさいじつ）　节日

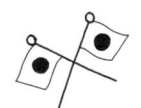

1月1日（がつついたち）	元日（がんじつ）	元旦
1月第2月曜日** （がつだい げつようび）	成人の日（せいじん ひ）	成人节
2月11日（がつ にち）	建国記念の日（けんこく きねん ひ）	建国纪念日
2月23日（がつ にち）	天皇誕生日（てんのうたんじょうび）	天皇诞辰纪念日
3月20日*（がつ はつか）	春分の日（しゅんぶん ひ）	春分
4月29日（がつ にち）	昭和の日（しょうわ ひ）	昭和之日
5月3日（がつみっか）	憲法記念日（けんぽう きねんび）	宪法纪念日
5月4日（がつよっか）	みどりの日（ひ）	绿之日
5月5日（がついつか）	こどもの日（ひ）	儿童节
7月第3月曜日*** （がつだい げつようび）	海の日（うみ ひ）	海之日
8月11日（がつ にち）	山の日（やま ひ）	山之日
9月第3月曜日*** （がつだい げつようび）	敬老の日（けいろう ひ）	敬老日
9月23日*（がつ にち）	秋分の日（しゅうぶん ひ）	秋分
10月第2月曜日** （がつだい げつようび）	スポーツの日（ひ）	体育节
11月3日（がつみっか）	文化の日（ぶんか ひ）	文化节
11月23日（がつ にち）	勤労感謝の日（きんろうかんしゃ ひ）	勤劳感谢节

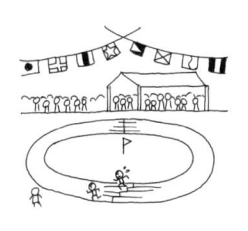

* 因年度不同日期会有不同
** 第二个星期一
*** 第三个星期一

节日正好是星期天时，接下来的星期一为调休日。
4月29日至5月5日称为「ゴールデンウィーク」（黄金周），也有些公司把这一期间全部作为公休日。

IV. 语法解释

1. 名词(场所)へ 行きます／来ます／帰ります

使用表示移动的动词时，移动的方向用助词「へ」表示。
① 京都へ 行きます。　　　　去京都。
② 日本へ 来ました。　　　　我来到了日本。
③ うちへ 帰ります。　　　　我回家去。
［注］助词「へ」读作「え」。

2. どこ[へ]も 行きません／行きませんでした

对疑问词所问范畴的一切全部加以否定时，在疑问词之后加助词「も」，动词使用否定形。
④ どこ[へ]も 行きません。　　哪儿也不去。
⑤ 何も 食べません。　　　　什么也不吃。(第6课)
⑥ だれも 来ませんでした。　　谁也没来。

3. 名词(交通工具)で 行きます／来ます／帰ります

助词「で」表示手段、方法。接在表示交通工具的名词之后，与移动动词一起使用，用以表示交通手段。
⑦ 電車で 行きます。　　　　坐电车去。
⑧ タクシーで 来ました。　　坐出租车来的。
徒步行走时，用「あるいて」，不接助词「で」。
⑨ 駅から 歩いて 帰りました。　从车站走回来的。

4. 名词(人／动物)と 动词

一起行动的人（动物）用助词「と」表示。
⑩ 家族と 日本へ 来ました。　　和家里人一起来日本的。
单独行动时，用「ひとりで」表示，这时不用助词「と」。
⑪ 一人で 東京へ 行きます。　　我自己去东京。

5. いつ

询问时间时，除了使用「なんじ」「なんようび」「なんがつなんにち」这样以「なん」构成的疑问词之外，还可以使用疑问词「いつ」。「いつ」之后不用接助词「に」。

⑫ いつ 日本へ 来ましたか。　　　　　什么时候到日本来的？
　　……3月25日に 来ました。　　　　……3月25号来的。

⑬ いつ 広島へ 行きますか。　　　　　什么时候去广岛？
　　……来週 行きます。　　　　　　　……下星期去。

6. ～よ

助词「よ」接在句尾，用于将听话人所不知道的事情、或说话人自己的判断、意见等告诉对方时。

⑭ この 電車は 甲子園へ 行きますか。
　　……いいえ、行きません。次の「普通」ですよ。

这趟电车去甲子园吗？
……不去，下一趟慢车去。

⑮ 北海道に 馬が たくさん いますよ。　　北海道有很多马呢。（第18课）

⑯ マリアさん、この アイスクリーム、おいしいですよ。
玛丽亚，这冰激淋可好吃啦。（第19课）

7. そうですね

「そうですね」用来表示对对方所说的事情表示赞同、同感。与此相似的表现有「そうですか」（参考第2课8），但「そうですか」是说话人在得到自己所不知道的新信息之后表示认可、理解时用的表现，而「そうですね」则用于说话人对自己原本也同样认为、知道的事情表示赞同、同感时。

⑰ あしたは 日曜日ですね。　　明天是星期天，对吧。
　　……あ、そうですね。　　　啊，是啊。

第6课

I. 単词

たべます	食べます	吃
のみます	飲みます	喝
すいます［たばこを～］	吸います	吸、抽［烟］
みます	見ます	看
ききます	聞きます	听
よみます	読みます	读
かきます	書きます	写（「かきます」也有"画"的意思。在本书中，这一动词以"画"的意思出现时，使用平假名「かきます」表示。）
かいます	買います	买
とります［しゃしんを～］	撮ります［写真を～］	照［相］
します		做、干
あいます［ともだちに～］	会います［友達に～］	［跟朋友］见面
ごはん		米饭、饭
あさごはん*	朝ごはん	早饭
ひるごはん	昼ごはん	午饭
ばんごはん*	晩ごはん	晚饭
パン		面包
たまご	卵	鸡蛋
にく	肉	肉
さかな	魚	鱼
やさい	野菜	蔬菜
くだもの	果物	水果
みず	水	水
おちゃ	お茶	茶、日本茶
こうちゃ	紅茶	红茶
ぎゅうにゅう（ミルク）	牛乳	牛奶
ジュース		果汁
ビール		啤酒
［お］さけ	［お］酒	酒、日本酒
たばこ		香烟

てがみ	手紙	信
レポート		报告、小论文
しゃしん	写真	照片
ビデオ		录像带、录像机
みせ	店	店
にわ	庭	庭院、院子
しゅくだい	宿題	作业（～を します：写作业）
テニス		网球（～を します：打网球）
サッカー		足球（～を します：踢足球）
[お]はなみ	[お]花見	看花、赏花（～を します：赏花）
なに	何	什么
いっしょに		一起
ちょっと		一会儿、一点儿
いつも		经常、总是
ときどき	時々	有时
それから		然后
ええ		诶、是
いいですね。		好啊。
わかりました。		明白了。

〈会話〉

何ですか。	什么？
じゃ、また[あした]。	那[明天]见。

··

メキシコ	墨西哥
大阪デパート	（虚构的百货商店）
つるや	（虚构的餐厅）
フランス屋	（虚构的超市）
毎日屋	（虚构的超市）

II. 翻译

句型
1. 我看书。
2. 我在车站买报纸。
3. 一起去神户好吗?
4. 稍微休息一下吧。

例句
1. 你喝酒吗?
   ……不,不喝。
2. 每天早上吃什么?
   ……吃面包和鸡蛋。
3. 今天早上吃了什么?
   ……什么也没吃。
4. 星期六干什么了?
   ……学了会儿日语,然后和朋友去看了场电影。
5. 你在哪儿买的那个皮包?
   ……在墨西哥买的。
6. 明天去打网球好吗?
   ……嗯,好啊。
7. 明天10点,在车站见吧。
   ……知道了。

会话

一起去好吗?

佐藤:米勒。

米勒:什么事儿?

佐藤:我明天和朋友去赏花。
　　　米勒也一起去好吗?

米勒:好啊。去哪儿?

佐藤:大阪城。

米勒:几点去?

佐藤:10点,在大阪站见吧。

米勒:知道了。

佐藤:那明天见。

III. 参考词汇与信息

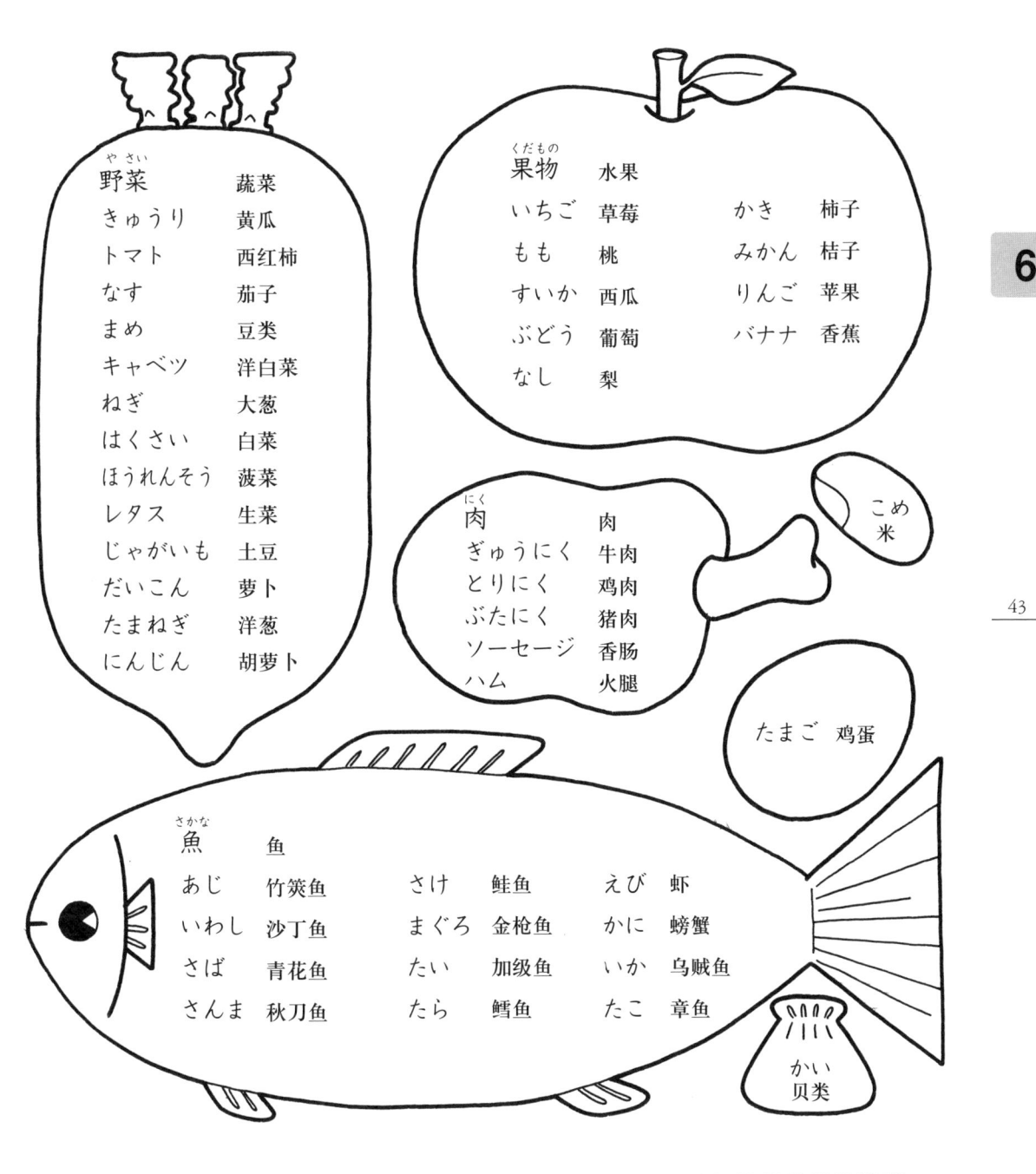

食(た)べ物(もの)　食品

野菜(やさい)　蔬菜
- きゅうり　黄瓜
- トマト　西红柿
- なす　茄子
- まめ　豆类
- キャベツ　洋白菜
- ねぎ　大葱
- はくさい　白菜
- ほうれんそう　菠菜
- レタス　生菜
- じゃがいも　土豆
- だいこん　萝卜
- たまねぎ　洋葱
- にんじん　胡萝卜

果物(くだもの)　水果
- いちご　草莓
- もも　桃
- すいか　西瓜
- ぶどう　葡萄
- なし　梨
- かき　柿子
- みかん　桔子
- りんご　苹果
- バナナ　香蕉

肉(にく)　肉
- ぎゅうにく　牛肉
- とりにく　鸡肉
- ぶたにく　猪肉
- ソーセージ　香肠
- ハム　火腿

こめ　米

たまご　鸡蛋

魚(さかな)　鱼
- あじ　竹筴鱼
- いわし　沙丁鱼
- さば　青花鱼
- さんま　秋刀鱼
- さけ　鲑鱼
- まぐろ　金枪鱼
- たい　加级鱼
- たら　鳕鱼
- えび　虾
- かに　螃蟹
- いか　乌贼鱼
- たこ　章鱼

かい　贝类

> 日本人消费的食品一半以上依靠进口。食品自给率用作主食的谷物类为59%，蔬菜为81%，水果为38%，肉类为56%，水产品为60%。(2010年农林水产省调查)。用作主食的大米的自给率为100%。

43

IV. 语法解释

1. 名词を 动词(他动词)

他动词的宾语用助词「を」表示。

① ジュースを 飲みます。　　　喝果汁。

[注]「を」只用作助词的表记。

2. 名词を します

「します」可以接很多名词，使其作为宾语。意思是实行宾语所表示的内容。下面举几个例子。

1) 运动、游戏等

　　サッカーを します　踢足球　　トランプを します　打扑克

2) 集会、活动

　　パーティーを します　举办晚会　　会議を します　召开会议

3) 其他

　　宿題を します　做作业　　仕事を します　干工作
　　電話を します　打电话

3. 何を しますか

这是询问要做什么的疑问句。

② 月曜日 何を しますか。　　　星期一干什么？
　……京都へ 行きます。　　　……去京都。

③ きのう 何を しましたか。　　　昨天干什么了？
　……サッカーを しました。　　　……去踢足球了。

4. なん 和 なに

「なん」和「なに」的意思相同。

「なん」用于以下场合。

1) 后续单词的词头为「た行」「だ行」「な行」时。

④ それは 何ですか。　　　那是什么？
⑤ 何の 本ですか。　　　是什么书？
⑥ 寝る まえに、何と 言いますか。　睡觉之前要说什么？（第21课）
⑦ 何で 東京へ 行きますか。　坐什么去东京？

[注]「なんで」除了询问手段之外，还可以用于询问理由。要想明确地表示是在询问手段时，可以用「なにで」。

⑧ 何で 東京へ 行きますか。　坐什么去东京？
　……新幹線で 行きます。　　　……坐新干线去。

2) 带有量词时
   ⑨ テレーザちゃんは 何歳ですか。　　　特蕾莎几岁了？

1) 2) 以外的场合使用「なに」。
   ⑩ 何を 買いますか。　　　买什么？

5. 名词(场所)で 动词

这里学习的助词「で」接在表示场所的名词之后，表示动作发生的场所。
   ⑪ 駅で 新聞を 買います。　　　在车站买报纸。

6. 动词ませんか

邀请听话人一起来做的用法。
   ⑫ いっしょに 京都へ 行きませんか。　一起去京都好吗？
   　……ええ、いいですね。　　　……嗯，好啊。

7. 动词ましょう

这是积极地提议、邀请的用法。也可用于积极响应对方的提议、邀请的场合。
   ⑬ ちょっと 休みましょう。　　　休息一下吧。
   ⑭ いっしょに 昼ごはんを 食べませんか。　一起吃午饭好吗？
   　……ええ、食べましょう。　　　……好啊，一起吃吧。

[注]「动词ませんか」和「动词ましょう」同为邀请对方的表现，但「动词ませんか」的语气较之「动词ましょう」更为尊重对方的意向。

8. ～か

「か」是说话人在得到自己所不知道的新信息之后表示认可、理解时用的表现。这是与「そうですか」(参考第2课8)的「か」同样的用法。
   ⑮ 日曜日 京都へ 行きました。　　　星期天去京都了。
   　……京都ですか。いいですね。　　　……京都呀，挺好的嘛。

第7课

I. 单词

きります	切ります	切、剪
おくります	送ります	寄、发
あげます		给（你）
もらいます		得到
かします	貸します	借给
かります	借ります	借
おしえます	教えます	教、告诉
ならいます	習います	学习
かけます［でんわを～］	［電話を～］	打［电话］

て	手	手
はし		筷子
スプーン		勺子
ナイフ		刀子
フォーク		叉子
はさみ		剪子

パソコン		电脑
ケータイ		手机

メール		伊妹儿、电子邮件
ねんがじょう	年賀状	贺年卡

パンチ		打孔机
ホッチキス		订书机
セロテープ		透明胶带
けしゴム	消しゴム	橡皮
かみ	紙	纸

はな	花	花
シャツ		衬衫
プレゼント		礼物
にもつ	荷物	行李、包裹
おかね	お金	钱
きっぷ	切符	车票

クリスマス		圣诞节

ちち	父	（我的）爸爸
はは	母	（我的）妈妈
おとうさん*	お父さん	（他人的）父亲（叫自己的父亲时也用）
おかあさん	お母さん	（他人的）母亲（叫自己的母亲时也用）
もう		已经
まだ		还
これから		现在（马上去做某事）

〈練習 C〉

[〜、]すてきですね。　　　　　　　　　[〜、]真棒啊！

〈会話〉

いらっしゃい。	欢迎。
どうぞ お上がり ください。	请进。
失礼します。	打搅了。
[〜は]いかがですか。	[〜]怎么样？
いただきます。	我吃啦。我喝啦。（用于吃喝之前）
ごちそうさま[でした]*。	我吃好了。（用于吃喝之后）

スペイン　　　　　　　　　　　　　　　西班牙

II. 翻译

句型
1. 我用电脑看电影。
2. 我送花给木村。
3. 我从卡莉娜那里得到了巧克力。
4. 我已经把伊妹儿发过去了。

例句
1. 你是通过电视学日语的吗？
   ……不，是通过广播学的。
2. 你用日语写报告吗？
   ……不，用英语写。
3. "Goodbye"用日语怎么说？
   ……"さようなら"
4. 你给谁写贺年片？
   ……给老师和朋友写。
5. 那是什么？
   ……是记事本。是山田给我的。
6. 已经买好新干线的票了吗？
   ……是的，已经买好了。
7. 已经吃午饭了吗？
   ……没，还没有。现在吃。

会话

欢迎

山田一郎：	来啦。
荷塞·桑托斯：	我是桑托斯。
	…………………………
山田一郎：	欢迎，里边请。
桑托斯：	打搅了。
	…………………………
山田友子：	喝点儿咖啡怎么样？
玛丽亚·桑托斯：	谢谢。
	…………………………
山田友子：	请。
玛丽亚·桑托斯：	那我就不客气了。 这把小勺好漂亮啊。
山田友子：	嗯，是公司的人送的。 去墨西哥带回来的礼物。

III. 参考词汇与信息

家族(かぞく) 家族

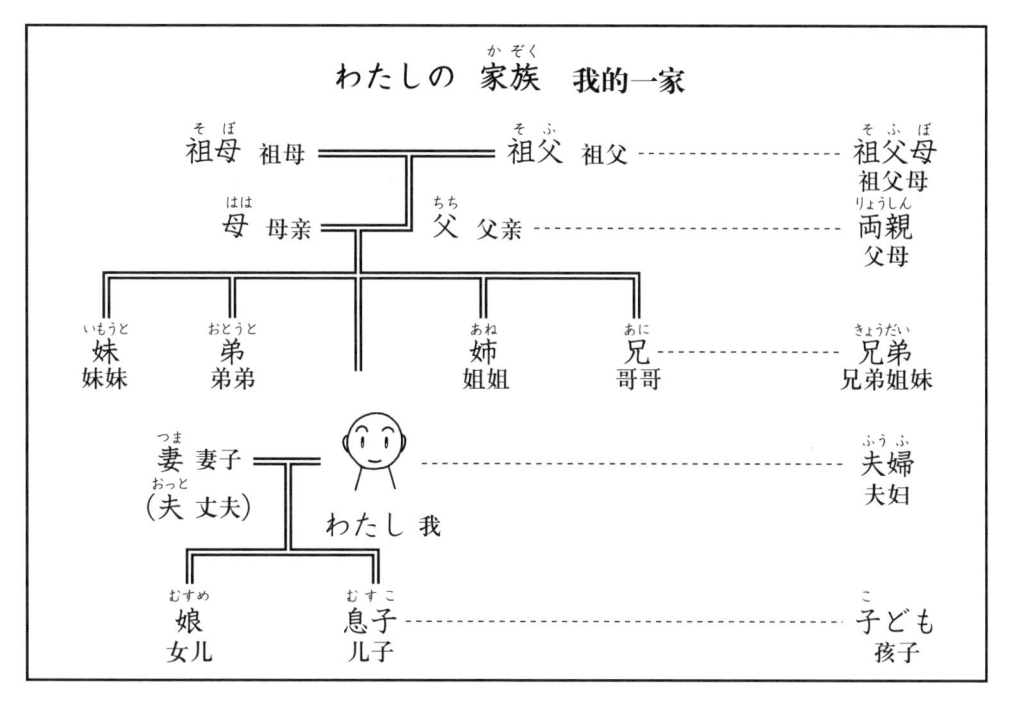

わたしの 家族(かぞく) 我的一家

- 祖母(そぼ) 祖母 ― 祖父(そふ) 祖父 ········ 祖父母(そふぼ) 祖父母
- 母(はは) 母亲 ― 父(ちち) 父亲 ········ 両親(りょうしん) 父母
- 妹(いもうと) 妹妹
- 弟(おとうと) 弟弟
- 姉(あね) 姐姐
- 兄(あに) 哥哥 ········ 兄弟(きょうだい) 兄弟姐妹
- 妻(つま) 妻子 (夫(おっと) 丈夫) ― わたし 我 ········ 夫婦(ふうふ) 夫妇
- 娘(むすめ) 女儿
- 息子(むすこ) 儿子 ········ 子(こ)ども 孩子

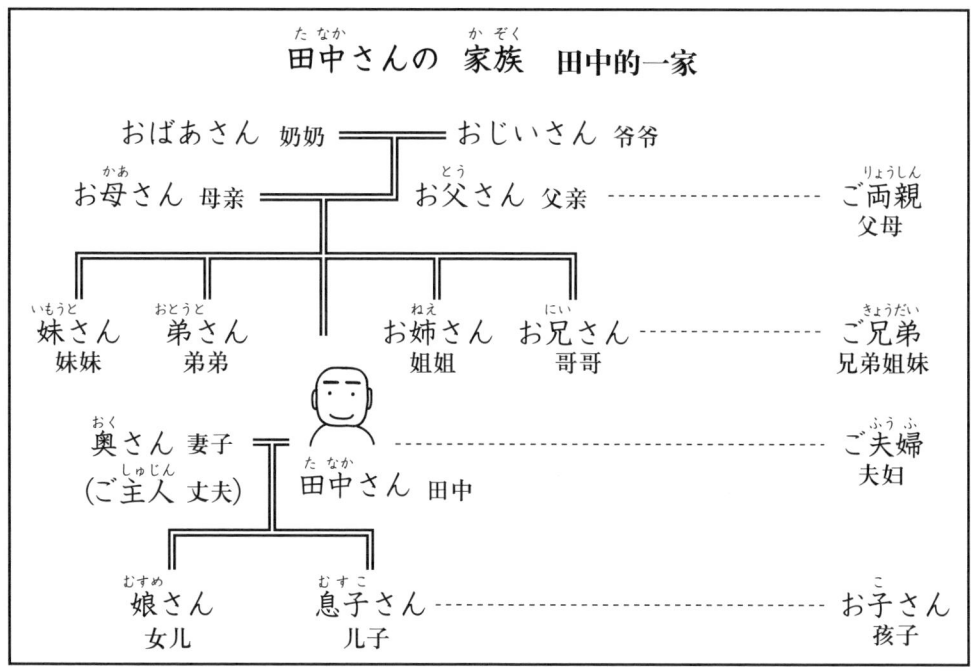

田中(たなか)さんの 家族(かぞく) 田中的一家

- おばあさん 奶奶 ― おじいさん 爷爷
- お母(かあ)さん 母亲 ― お父(とう)さん 父亲 ········ ご両親(りょうしん) 父母
- 妹(いもうと)さん 妹妹
- 弟(おとうと)さん 弟弟
- お姉(ねえ)さん 姐姐
- お兄(にい)さん 哥哥 ········ ご兄弟(きょうだい) 兄弟姐妹
- 奥(おく)さん 妻子 (ご主人(しゅじん) 丈夫) ― 田中(たなか)さん 田中 ········ ご夫婦(ふうふ) 夫妇
- 娘(むすめ)さん 女儿
- 息子(むすこ)さん 儿子 ········ お子(こ)さん 孩子

IV. 语法解释

1. 名词(工具／手段)で 动词

在这里我们来学习表示手段、方法的助词「で」。
① はしで 食べます。　　　　　　　　　用筷子吃饭。
② 日本語で レポートを 書きます。　　用日语写报告。

2. 词／句は ～語で 何ですか

这种疑问句用于询问某个词或句子用其他语言怎么说时。
③ 「ありがとう」は 英語で 何ですか。　　"ありがとう"用英语怎么说？
　……「Thank you」です。　　　　　　　……是"Thank you"。
④ 「Thank you」は 日本語で 何ですか。　"Thank you"用日语怎么说？
　……「ありがとう」です。　　　　　　　……是"ありがとう"。

3. 名词₁(人)に 名词₂を あげます 等

「あげます」「かします」「おしえます」等动词是提供事物、信息的意思，需要有接受这些事物、信息的对象。这一对象用助词「に」来表示。
⑤ [わたしは] 木村さんに 花を あげました。　我给木村送花了。
⑥ [わたしは] イーさんに 本を 貸しました。　我把书借给小李了。
⑦ [わたしは] 山田さんに 英語を 教えます。　我教山田英语。

4. 名词₁(人)に 名词₂を もらいます 等

「もらいます」「かります」「ならいます」等动词是得到事物、信息的意思，需要有提供这些事物、信息的对象。这一对象用助词「に」来表示。
⑧ [わたしは] 山田さんに 花を もらいました。
　我收到了山田送的花。
⑨ [わたしは] カリナさんに CDを 借りました。
　我从卡莉娜那儿借来了CD。
⑩ [わたしは] ワンさんに 中国語を 習います。
　我跟小王学习汉语。

[注] 这一句型中，也可以用「から」来代替「に」。特别是对象不是个人，而是公司、学校等组织时不用「に」，而用「から」。
⑪ [わたしは] 山田さんから 花を もらいました。
　我收到了山田送的花。
⑫ 銀行から お金を 借りました。
　我从银行贷了款。

5. もう 动词ました

「もう」是"已经"的意思，与「动词ました」一起使用。这时的「动词ました」表示此时行为已经完了。

询问行为是否已经完了时，使用「もう 动词ましたか」这一形式，回答时如果行为已经完了，即做肯定回答时，用「はい、もう 动词ました」。如果行为尚未完了，即做否定回答时，则用「いいえ、动词て いません」（参考第31课），或「いいえ、まだです」。「いいえ、动词ませんでした」是过去没有做过某件事情的意思，所以不能作为这一句型的否定回答。

⑬　もう 荷物を 送りましたか。　　　　　行李已经发走了吗？
　　……はい、[もう] 送りました。　　　　……是的，已经发走了。
　　……いいえ、まだ 送って いません。　……没有，还没发。（第31课）
　　……いいえ、まだです。　　　　　　　……没有，还没有。

6. 助词的省略

在会话中，从前后关系就可以明白意思时，助词往往会被省略。

⑭　この スプーン[は]、すてきですね。　　这个小勺真漂亮啊！
⑮　コーヒー[を]、もう 一杯 いかがですか。
　　再来一杯咖啡怎么样？（第8课）

第 8 课

I. 单词

ハンサム[な]		美男子
きれい[な]		漂亮
しずか[な]	静か[な]	安静
にぎやか[な]		热闹
ゆうめい[な]	有名[な]	有名
しんせつ[な]	親切[な]	亲切（不用于自己的亲属）
げんき[な]	元気[な]	健康
ひま[な]	暇[な]	有时间、有空儿
べんり[な]	便利[な]	方便
すてき[な]		特别好
おおきい	大きい	大
ちいさい*	小さい	小
あたらしい	新しい	新、新鲜
ふるい	古い	旧
いい（よい）		好
わるい*	悪い	坏
あつい	暑い、熱い	热
さむい	寒い	冷
つめたい	冷たい	凉
むずかしい	難しい	难
やさしい	易しい	容易
たかい	高い	贵、高
やすい	安い	便宜
ひくい*	低い	低、矮
おもしろい		有意思
おいしい		好吃
いそがしい	忙しい	忙
たのしい	楽しい	愉快、高兴
しろい	白い	白色
くろい	黒い	黑色
あかい	赤い	红色
あおい	青い	蓝色
さくら	桜	樱花
やま	山	山
まち	町	市镇、街道
たべもの	食べ物	食物

ところ	所	地方
りょう	寮	宿舍
レストラン		餐厅
せいかつ	生活	生活
[お]しごと	[お]仕事	工作（～を します：工作）
どう		怎么样
どんな ～		什么样的～
とても		非常
あまり		太～（与否定式一起使用）
そして		而且、然后、于是（用于连接句子时）
～が、～		～，但是～

〈練習C〉
お元気ですか。	你身体好吗?
そうですね。	嗯。

〈会話〉
[～、]もう 一杯 いかがですか。	再来一杯［～］怎么样?
[いいえ、]けっこうです。	不，谢谢。
もう ～です[ね]。	已经～了［吧］。
そろそろ 失礼します。	该告辞了。
いいえ。	不。没什么。
また いらっしゃって ください。	请再来。

シャンハイ	上海
金閣寺	金阁寺
奈良公園	奈良公园
富士山	富士山（日本最高的山）
「七人の 侍」	七武士（黑泽明导演的以前的电影）

II. 翻译

句型
1. 樱花很漂亮。
2. 富士山很高。
3. 樱花是很漂亮的花。
4. 富士山是很高的山。

例句
1. 大阪很热闹吗？
   ……是的，很热闹。
2. 樱花大学很有名吗？
   ……不，没有名。
3. 北京现在很冷吗？
   ……对，非常冷。
   上海也很冷吗？
   ……不，不太冷。
4. 大学的宿舍怎么样？
   ……很旧，不过挺方便。
5. 我昨天去松本家了。
   ……什么样的房子啊？
   很漂亮的房子，而且很大。
6. 昨天看了一个很有意思的电影。
   ……什么电影？
   是"七武士"。

会话

该告辞了

山田一郎： 玛丽亚，日本的生活怎么样？
玛丽亚·桑托斯： 每天过得都很愉快。
山田一郎： 是吗。桑托斯，你的工作怎么样？
荷塞·桑托斯： 怎么说呢，很忙，不过很有意思。
　　　　………………………………………………
山田友子： 再来一杯咖啡怎么样？
玛丽亚·桑托斯： 不用，够了。
　　　　………………………………………………
荷塞·桑托斯： 啊，已经6点了，该告辞了。
山田一郎： 是吗。
玛丽亚·桑托斯：今天真是太谢谢了。
山田友子： 别客气，欢迎下次再来。

III. 参考词汇与信息

色・味　颜色・味道

色　颜色

名词	形容词	名词	形容词
白　白色	白い	黄色　黄色	黄色い
黒　黑色	黒い	茶色　茶色	茶色い
赤　红色	赤い	ピンク　粉红色	—
青　蓝色	青い	オレンジ　橙色	—
緑　绿色	—	グレー　灰色	—
紫　紫色	—	ベージュ　米色	—

味　味道

甘い 甜　　辛い 辣 　　苦い 苦 　　塩辛い 咸

酸っぱい 酸 　　濃い 浓 　　薄い 淡

春・夏・秋・冬　春・夏・秋・冬

日本四季分明，3月到5月是春季，6月到8月是夏季，9月到11月是秋季，12月到2月是冬季。平均气温虽因地而异，但各地气温变化的类型大致相同。最热的是8月，最冷的是1、2月。随着这样的气温变化，使日本人有着"春天温暖，夏天炎热，秋天凉爽，冬天寒冷"的感觉。

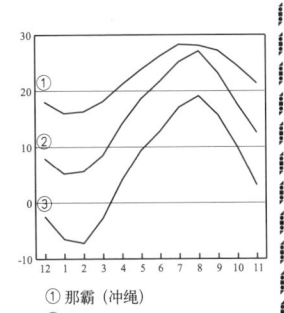

① 那霸（冲绳）
② 东京
③ 网走（北海道）

IV. 语法解释

1. 形容词

形容词可以用于做句子的谓语，在「名词は形容词です」这样的句子中表示名词的状态，或用来修饰名词。在日语中，形容词分为「い形容词」和「な形容词」两种，其活用方式不同。

2.
> 名词は　な形容词[な]です
> 名词は　い形容词(〜い)です

非过去肯定形式的形容词句以「です」结句。「です」表示对听话人礼貌的态度。在接续「です」时，「な形容词」要去掉「な」，「い形容词」则用原形「〜い」。

① ワット先生は　親切です。　　　　瓦特老师很和气。
② 富士山は　高いです。　　　　　　富士山很高。

1) な形容词[な]じゃ(では)ありません

「な形容词」的非过去否定形式是「な形容词」去掉「な」之后的形式接续「じゃ(では)ありません」。

③ あそこは　静かじゃ(では)ありません。　那里不安静。

2) い形容词(〜い)です　→　〜くないです

「い形容词」的非过去否定形式是「い形容词」去掉词尾的「い」，后续「くないです」。

④ この本は　おもしろくないです。　　这本书没意思。

[注]「いいです」的否定形式是「よくないです」。

3) 活用形归纳

	な形容词	い形容词
非过去肯定	しんせつです	たかいです
非过去否定	しんせつじゃ(では)ありません	たかくないです

4) 形容词句的疑问句形式与名词句（参考第1课）、动词句（参考第4课）一样。回答时用形容词，不能用「そうです」「ちがいます」。

⑤ ペキンは　寒いですか。　　　　　北京冷吗？
　……はい、寒いです。　　　　　　……对，很冷。
⑥ 奈良公園は　にぎやかですか。　　奈良公园很热闹吗？
　……いいえ、にぎやかじゃ　ありません。　……不，不热闹。

3.
> な形容词な　名词
> い形容词(〜い)　名词

形容词修饰名词时，放在名词的前面。な形容词以保留「な」的形式修饰名词。

⑦ ワット先生は　親切な　先生です。　瓦特老师是一位很和气的老师。
⑧ 富士山は　高い　山です。　　　　　富士山是一座高山。

4. ～が、～

「が」用于连接前面所叙述的事情与后面所叙述的事情相反的句子。在同一主语的形容词句中，说话人在前面的句子给的是正面的评价的话，那么在后面的句子中给的则是负面的评价。相反，说话人在前面的句子给的是负面的评价的话，那么在后面的句子中给的则是正面的评价。

⑨ 日本の 食べ物は おいしいですが、高いです。
日本的食品很好吃，但是价格很贵。

5. とても／あまり

「とても」和「あまり」都是表示程度的副词，在修饰形容词时放在形容词之前。「とても」是"很"的意思，用在肯定句中。「あまり」用于否定句，表示"不太"之意。

⑩ ペキンは とても 寒いです。　　　　　北京很冷。
⑪ これは とても 有名な 映画です。　　这是很有名的电影。
⑫ シャンハイは あまり 寒くないです。　上海不太冷。
⑬ さくら大学は あまり 有名な 大学じゃ ありません。
櫻花大学不是很有名的大学。

6. 名词は どうですか

「名词は どうですか」是向对方询问其对所经历的事情、访问过的场所、见过的人的印象、意见和感想。

⑭ 日本の 生活は どうですか。　　　　日本的生活怎么样？
……楽しいです。　　　　　　　　　……很愉快。

7. 名词₁は どんな 名词₂ですか

「どんな」是询问人或物的状态和性质的疑问词，以修饰名词的形式使用。

⑮ 奈良は どんな 町ですか。　　　　　奈良是个什么样的城市？
……古い 町です。　　　　　　　　　……是个古老的城市。

8. そうですね

在第5课学习了表示同意、同感的「そうですね」，而在本课的会话出现的「そうですね」是像⑯这样的，用于表示说话人正在思考对方的问题。

⑯ お仕事は どうですか。
……そうですね。忙しいですが、おもしろいです。
工作怎么样？
……嗯，挺忙的，但是很有意思。

第9课

I. 单词

わかります		懂、明白
あります		有
すき[な]	好き[な]	喜欢
きらい[な]	嫌い[な]	不喜欢
じょうず[な]	上手[な]	好，擅长
へた[な]	下手[な]	不好，不擅长
のみもの	飲み物	饮料
りょうり	料理	菜（～を します：做菜）
スポーツ		体育、运动（～を します：运动）
やきゅう	野球	棒球（～を します：打棒球）
ダンス		舞（～を します：跳舞）
りょこう	旅行	旅行（～[を] します：旅行）
おんがく	音楽	音乐
うた	歌	歌
クラシック		古典音乐
ジャズ		爵士乐
コンサート		音乐会，演唱会
カラオケ		卡拉 OK
かぶき	歌舞伎	歌舞伎（日本传统剧种之一）
え	絵	画
じ*	字	字
かんじ	漢字	汉字
ひらがな		平假名
かたかな		片假名
ローマじ*	ローマ字	罗马字
こまかい おかね	細かい お金	零钱
チケット		票
じかん	時間	时间
ようじ	用事	事情
やくそく	約束	约定（～[を] します：约定）

アルバイト		临时工（～を します：打工）
ごしゅじん	ご主人	（他人的）丈夫
おっと／しゅじん	夫／主人	（自己的）丈夫
おくさん	奥さん	（他人的）妻子
つま／かない	妻／家内	（自己的）妻子
こども	子ども	孩子
よく		很好
だいたい		大致、大略
たくさん		很多
すこし	少し	一些、一点儿
ぜんぜん	全然	完全～（后接否定）
はやく	早く、速く	早、快
～から		因为～
どうして		怎么、为什么

〈練習 C〉

貸して ください。 借给我吧。
いいですよ。 可以。
残念です[が] 非常遗憾，不过～

〈会話〉

ああ 啊
いっしょに いかがですか。 一起来怎么样？
[～は] ちょっと……。 有点儿……（谢绝时的委婉说法）
だめですか。 不行吗？
また 今度 お願いします。 那下次再请关照吧。（考虑到对方的感情间接拒绝的说法）

II. 翻译

句型
1. 我喜欢意大利菜。
2. 我懂一点儿日语。
3. 今天是孩子的生日，所以要早点儿回去。

例句
1. 你喜欢喝酒吗？
   ……不，不喜欢。
2. 你喜欢什么运动？
   ……喜欢足球。
3. 卡莉娜很会画画儿吗？
   ……对，她画得很好。
4. 田中会印尼语吗？
   ……不，一点儿也不会。
5. 你有零钱吗？
   ……没，没有。
6. 你每天早上看报吗？
   ……不，因为没时间，所以不看。
7. 你昨天怎么早回去了？
   ……因为有点儿事。

会话

真遗憾

木村：喂。
米勒：是木村吗？我是米勒。
木村：啊，米勒，晚上好。你好吗？
米勒：嗯，挺好的。
　　　欸，木村，一起去听古典音乐的演奏会怎么样？
木村：好啊。什么时候？
米勒：下星期五晚上。
木村：星期五啊。星期五晚上我……
米勒：不行吗？
木村：是啊，真遗憾，我约了朋友了……
米勒：是吗。
木村：嗯，下次吧。

III. 参考词汇与信息

<ruby>音楽<rt>おんがく</rt></ruby>・スポーツ・<ruby>映画<rt>えいが</rt></ruby>　音乐・体育・电影

<ruby>音楽<rt>おんがく</rt></ruby>　音乐

ポップス	流行音乐
ロック	摇滚乐
ジャズ	爵士乐
ラテン	拉丁音乐
クラシック	古典音乐
<ruby>民謡<rt>みんよう</rt></ruby>	民谣
<ruby>演歌<rt>えんか</rt></ruby>	演歌
ミュージカル	歌舞剧
オペラ	歌剧

<ruby>映画<rt>えいが</rt></ruby>　电影

SF	科幻片
ホラー	恐怖片
アニメ	动画片
ドキュメンタリー	纪实片
<ruby>恋愛<rt>れんあい</rt></ruby>	爱情片
ミステリー	侦探片
<ruby>文芸<rt>ぶんげい</rt></ruby>	文艺片
<ruby>戦争<rt>せんそう</rt></ruby>	战争片
アクション	武打片
<ruby>喜劇<rt>きげき</rt></ruby>	喜剧片

スポーツ　体育

ソフトボール	软式垒球	<ruby>野球<rt>やきゅう</rt></ruby>	棒球
サッカー	足球	<ruby>卓球<rt>たっきゅう</rt></ruby>／ピンポン	乒乓球
ラグビー	橄榄球	<ruby>相撲<rt>すもう</rt></ruby>	相扑
バレーボール	排球	<ruby>柔道<rt>じゅうどう</rt></ruby>	柔道
バスケットボール	篮球	<ruby>剣道<rt>けんどう</rt></ruby>	剑道
テニス	网球	<ruby>水泳<rt>すいえい</rt></ruby>	游泳
ボウリング	保龄球		
スキー	滑雪		
スケート	滑冰		

IV. 语法解释

1. 名词が あります／わかります
   名词が 好きです／嫌いです／上手です／下手です

   一部分的动词和形容词的宾语用「が」来表示。
   ① わたしは イタリア料理が 好きです。　　我喜欢意大利菜。
   ② わたしは 日本語が わかります。　　我懂日语。
   ③ わたしは 車が あります。　　我有车。

2. どんな 名词

   对于使用「どんな」的疑问句的回答方法，除了在第8课学过的之外，还可以举出具体名称加以回答。
   ④ どんな スポーツが 好きですか。　　你喜欢什么运动？
   　　……サッカーが 好きです。　　……喜欢踢足球。

3. よく／だいたい／たくさん／少し／あまり／全然

   这些副词放在要修饰的动词前面。

	表示程度的副词	表示数量的副词
和肯定形式一起使用	よく　　わかります だいたい　わかります すこし　わかります	たくさん あります すこし　あります
和否定形式一起使用	あまり　わかりません ぜんぜん わかりません	あまり　ありません ぜんぜん ありません

   ⑤ 英語が よく わかります。　　精通英语。
   ⑥ 英語が 少し わかります。　　懂一点儿英语。
   ⑦ 英語が あまり わかりません。　　不太懂英语。
   ⑧ お金が たくさん あります。　　有很多钱。
   ⑨ お金が 全然 ありません。　　一点儿钱也没有。
   [注]「すこし」「ぜんぜん」「あまり」也可以修饰形容词。
   ⑩ ここは 少し 寒いです。　　这里有点儿冷。
   ⑪ あの 映画は 全然 おもしろくないです。
   　　那个电影一点儿意思也没有。

4. ～から、～

「から」之前所说的事情是后面叙述的事情的原因。

⑫ 時間が ありませんから、新聞を 読みません。
  因为没有时间，所以不看报。

也可以用「～から。」的形式来补充理由。

⑬ 毎朝 新聞を 読みますか。
  ……いいえ、読みません。時間が ありませんから。
  每天早晨看报吗？
  ……不，不看。因为没有时间。

5. どうして

「どうして」是询问原因的疑问词。在回答的句尾接「から」以示理由。

⑭ どうして 朝 新聞を 読みませんか。
  ……時間が ありませんから。
  早上为什么不看报？
  ……因为没有时间。

在询问对方所说事情的原因时，也可以用「どうしてですか」来代替重复对方所说的内容。

⑮ きょうは 早く 帰ります。　　　今天要早些回去。
  ……どうしてですか。　　　　　……为什么？
  子どもの 誕生日ですから。　　因为是孩子的生日。

第10课

I. 单词

あります		在、有（不会活动的东西）
います		在、有（会活动的人、动物）
いろいろ[な]		各种各样
おとこの ひと	男の 人	男人
おんなの ひと	女の 人	女人
おとこの こ	男の 子	男孩儿
おんなの こ	女の 子	女孩儿
いぬ	犬	狗
ねこ	猫	猫
パンダ		熊猫
ぞう	象	大象
き	木	树木
もの	物	东西
でんち	電池	电池
はこ	箱	箱子
スイッチ		开关
れいぞうこ	冷蔵庫	冰箱
テーブル		桌子
ベッド		床
たな	棚	架子
ドア		门
まど	窓	窗
ポスト		信箱
ビル		楼房
ATM		自动柜员机
コンビニ		便利店
こうえん	公園	公园
きっさてん	喫茶店	咖啡店
～や	～屋	～店
のりば	乗り場	～站（出租车、电车等）
けん	県	县

うえ	上	上
した	下	下
まえ	前	前
うしろ		后
みぎ	右	右
ひだり	左	左
なか	中	中间、里边
そと*	外	外边
となり	隣	旁边、隔壁
ちかく	近く	附近
あいだ	間	～之间

～や ～[など]	～、～什么的、等、和

〈会話〉

[どうも] すみません。	谢谢。
ナンプラー	鱼露
コーナー	专柜
いちばん 下	最下边

東京 ディズニーランド	东京迪斯尼乐园
アジアストア	（虚构的超市）

II. 翻译

句型
1. 那边有家便利店。
2. 佐藤在大厅。
3. 东京迪斯尼在千叶县。
4. 家属在纽约。

例句
1. 这栋大楼里有自动柜员机吗?
   ……有,在二楼。
2. 那边有个男的。那个人是谁呀?
   ……IMC 公司的松本。
3. 院子里有谁?
   ……谁也没有,有只猫。
4. 箱子里有什么?
   ……有以前的信和照片什么的。
5. 邮局在哪儿?
   ……车站附近。在银行前面。
6. 米勒在哪儿?
   ……在会议室。

会话

有鱼酱吗?

米勒： 请问,亚洲超市在哪儿?
女的： 亚洲超市吗?
   那边有栋白色的楼吧,
   就在那栋楼里。
米勒： 是吗。谢谢。
女的： 别客气。
   ……………………………………
米勒： 喂,有鱼露吗?
售货员：有。
   那边有卖泰国菜的专柜,
   鱼露在最下边。
米勒： 知道了,谢谢。

III. 参考词汇与信息

うちの中　家里

① 玄関（げんかん）　　大门
② トイレ　　　　　　洗手间
③ ふろ場（ば）　　　浴室
④ 洗面所（せんめんじょ）　洗漱间
⑤ 台所（だいどころ）　厨房
⑥ 食堂（しょくどう）　饭厅
⑦ 居間（いま）　　　起居室
⑧ 寝室（しんしつ）　卧室
⑨ 廊下（ろうか）　　走廊
⑩ ベランダ　　　　　阳台

日本浴室的使用方法

① 进浴缸前先把身体洗干净。

② 在浴缸中不用香皂、浴液。浴缸是用来暖和身体，放松精神的。

③ 从浴缸出来时，不要把水放掉，要盖好浴缸的盖子，以便留给下一个人使用。

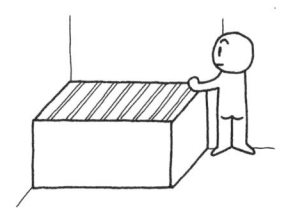

洗手间的使用方法

日式　　　　西式

IV. 语法解释

1. 名词が あります/います

   「あります」「います」表示物和人的存在。这是将物与人的存在直接告诉对方的句子，所以作为存在主体的名词用「が」来表示。

   1) 「あります」用于表示物、植物等存在本身不会自己移动的主体。
      ① コンピューターが あります。　　　　有一台电脑。
      ② 桜が あります。　　　　　　　　　　有樱花树。
      ③ 公園が あります。　　　　　　　　　有一个公园。
   2) 「います」用于表示人、动物这样存在本身可以自己移动的主体。
      ④ 男の人が います。　　　　　　　　　有一个男人。
      ⑤ 犬が います。　　　　　　　　　　　有一条狗。

2. 場所に 名词が あります/います

   这一句型用于表示在某一场所有什么物体或者有什么人存在。

   1) 物和人存在的场所用助词「に」表示。
      ⑥ わたしの 部屋に 机が あります。　　我的房间里有桌子。
      ⑦ 事務所に ミラーさんが います。　　米勒在事务所里。
   2) 询问存在的物时用疑问词「なに」，询问存在的人时用疑问词「だれ」。
      ⑧ 地下に 何が ありますか。　　　　　地下有什么？
         ………レストランが あります。　　　……有餐厅。
      ⑨ 受付に だれが いますか。　　　　　接待处有人吗？
         ……木村さんが います。　　　　　　……木村在。

      [注] 要注意不仅是上面的例句，疑问词后要用助词「が」。（×なには ×だれは）

3. 名词は 場所に あります/います

   这是把2.「場所に 名词が あります/います」中的名词（存在的东西）作为主题来陈述其所在的场所的句型。这一名词放在句首，用「は」来提示。名词所指是说话人和听话人双方都知道的人或物。
   ⑩ 東京ディズニーランドは 千葉県に あります。
      东京迪斯尼乐园在千叶县。
   ⑪ ミラーさんは 事務所に います。　　　米勒在事务所。
   ⑫ 東京ディズニーランドは どこに ありますか。
      东京迪斯尼乐园在哪里？
      ……千葉県に あります。　　　　　　……在千叶县。
   ⑬ ミラーさんは どこに いますか。　　　米勒在哪儿？
      ……事務所に います。　　　　　　　……在事务所。

[注] 这一句型可以用「名詞は 場所です」(参考第3课) 来替换。要注意这时「です」之前表示场所的疑问词 (どこ) 和名词 (ちばけん) 之后不用「に」。

⑭ 東京ディズニーランドは どこですか。　　东京迪斯尼乐园在哪里？
　　……千葉県です。　　　　　　　　　　……在千叶县。

4. 名詞₁ (物／人／場所)の 名詞₂ (位置)

「うえ」「した」「まえ」「うしろ」「みぎ」「ひだり」「なか」「そと」「となり」「ちかく」「あいだ」等表示方向和位置的名词₂表示与名词₁的位置关系。

⑮ 机の 上に 写真が あります。　　　　　桌子上有照片。
⑯ 郵便局は 銀行の 隣に あります。　　　邮局在银行的旁边。
⑰ 本屋は 花屋と スーパーの 間に あります。
　　书店在花店和超市之间。

[注] 这些与表示场所的名词一样，可以接助词「で」来表示动作的场所。

⑱ 駅の 近くで 友達に 会いました。　　　在车站附近遇见了朋友。

5. 名詞₁や 名詞₂

在第4课学习的助词「と」用于把名词全部加以列举，而助词「や」则是选择几个（两个以上）具有代表性的加以列举。有时会在列举的最后一个名词之后加上「など」，更为明确地表示除了列举的以外还有其他。

⑲ 箱の 中に 手紙や 写真が あります。
　　盒子里有信和照片。
⑳ 箱の 中に 手紙や 写真などが あります。
　　盒子里有信和照片什么的。

6. アジアストアですか

本课会话的开头部分有下面一段对话：

㉑ すみません。アジアストアは どこですか。
　　……アジアストアですか。（中略）あの ビルの 中です。
　　对不起，亚洲超市在哪里？
　　……亚洲超市吗？（中间内容省略）在那栋大楼里。

在实际会话中，像这样不是立即回答，而是在确认了对方问题的重点之后再做回答的情况比较多。

第 11 课

I. 单词

います［こどもが～］	［子どもが～］	有［孩子］
います［にほんに～］	［日本に～］	在［日本］
かかります		花（花费时间、钱等）
やすみます	休みます	［跟公司］请假
［かいしゃを～］	［会社を～］	

ひとつ	1つ	一、一个（用于数东西时）
ふたつ	2つ	二、两个
みっつ	3つ	三、三个
よっつ	4つ	四、四个
いつつ	5つ	五、五个
むっつ	6つ	六、六个
ななつ	7つ	七、七个
やっつ	8つ	八、八个
ここのつ	9つ	九、九个
とお	10	十、十个
いくつ		多少

ひとり	1人	一个人
ふたり	2人	两个人
－にん	－人	－个（口）人

－だい	－台	－台（数机械、车辆等的量词）
－まい	－枚	－枚、张（数纸张、邮票等的量词）
－かい	－回	－次

りんご	苹果
みかん	橘子
サンドイッチ	三明治
カレー［ライス］	咖哩［饭］
アイスクリーム	冰激淋

きって	切手	邮票
はがき		明信片
ふうとう	封筒	信封

りょうしん	両親	父母
きょうだい	兄弟	兄弟姐妹
あに	兄	（我的）哥哥

おにいさん*	お兄さん	（他人的）哥哥
あね	姉	（我的）姐姐
おねえさん*	お姉さん	（他人的）姐姐
おとうと	弟	（我的）弟弟
おとうとさん*	弟さん	（他人的）弟弟
いもうと	妹	（我的）妹妹
いもうとさん*	妹さん	（他人的）妹妹
がいこく	外国	外国
りゅうがくせい	留学生	留学生
クラス		班级
ーじかん	ー時間	ー小时
ーしゅうかん	ー週間	ー周
ーかげつ	ーか月	ー个月
ーねん	ー年	ー年
〜ぐらい		〜左右、大约〜
どのくらい		多长时间
ぜんぶで	全部で	一共、合计
みんな		全部、大家
〜だけ		只〜

〈練習C〉

かしこまりました。　　　　　明白了。（服务行业的人对于顾客的礼貌用语）

〈会話〉

いい［お］天気ですね。　　　天气真好啊。
お出かけですか。　　　　　　出门啊？（碰到近处的人时打的招呼）
ちょっと 〜まで。　　　　　　是啊，到〜去一下。（碰到近处的人时的回答）
行ってらっしゃい。　　　　　走好。（在家的人使用）
行って きます。　　　　　　　我走了。（出门的人使用）
船便（ふなびん）　　　　　　　平邮、海运
航空便（こうくうびん）（エアメール）　航邮、航运
お願（ねが）いします。　　　　拜托了。恳请。

オーストラリア　　　　　　　澳大利亚

II. 翻译

句型
1. 会议室里有七张桌子。
2. 我在日本一年。

例句
1. 买了几个苹果？
   ……买了四个。
2. 请给我五张80日元的邮票和两张明信片。
   ……好。一共500日元。
3. 富士大学有外籍教师吗？
   ……有，有三位。都是美国人。
4. 你家里几个兄弟姐妹？
   ……四个。两个姐姐和一个哥哥。
5. 你一个星期打几次网球？
   ……大约两次。
6. 田中学了多长时间西班牙语了？
   ……学了三个月了。
   只学了三个月？说得真好。
7. 从大阪到东京坐新干线要多长时间？
   ……两个半小时。

会话

请寄一下这个

管理人： 天气真好啊。出去啊？
王： 对，去趟邮局。
管理人： 是吗，去吧。
王： 那我走了。
 ……………………………………
王： 这个，请寄到澳大利亚。
邮局工作人员：好。是海运还是航运？
王： 航运多少钱？
邮局工作人员：7,600日元。
王： 海运呢？
邮局工作人员：3,450日元。
王： 要多长时间？
邮局工作人员：航运七天，海运两个月左右。
王： 那就海运吧。

III. 参考词汇与信息

メニュー　　菜单

定食(ていしょく)	套餐
ランチ	午餐
天(てん)どん	天麸罗盖饭
親子(おやこ)どん	鸡肉鸡蛋盖饭
牛(ぎゅう)どん	牛肉盖饭
焼(や)き肉(にく)	烤肉
野菜(やさい)いため	炒蔬菜
漬物(つけもの)	酱菜、咸菜
みそ汁(しる)	酱汤
おにぎり	饭团
てんぷら	天麸罗
すし	寿司
うどん	乌冬面
そば	荞麦面
ラーメン	汤面
焼(や)きそば	炒面
お好(この)み焼(や)き	杂样煎饼

カレーライス	咖喱饭
ハンバーグ	牛肉饼
コロッケ	土豆饼
えびフライ	炸虾
フライドチキン	炸鸡
サラダ	沙拉
スープ	汤
スパゲッティ	意大利面条
ピザ	比萨饼
ハンバーガー	汉堡包
サンドイッチ	三明治
トースト	烤面包片
コーヒー	咖啡
紅茶(こうちゃ)	红茶
ココア	可可茶
ジュース	果汁
コーラ	可乐

IV. 语法解释

1. 数量的数法

1) 1～10 的数法　ひとつ、ふたつ、……とお
   数东西时的数法。11 以上直接用数字来数。
2) 各种量词
   数人和物的数量或表示数量时，数的对象不同，所用的量词也不同。量词接在数字的后面使用。

   - 一人（にん）　　人数。但是一个人的时候说「ひとり（1人）」，两个人的时候说「ふたり（2人）」，「4人」读作「よにん」
   - 一台（だい）　　机械、交通工具
   - 一枚（まい）　　平面且很薄的东西。纸张、衬衫、盘子、CD 等。
   - 一回（かい）　　次数
   - 一分（ふん）　　分钟
   - 一時間（じかん）　小时
   - 一日（にち）　　天（和日期的说法相同，但「1日」不说「ついたち」而是说「いちにち」）
   - 一週間（しゅうかん）星期
   - 一か月（げつ）　（个）月
   - 一年（ねん）　　年

2. 数量词的用法

1) 数量词（数词加量词）原则上放在决定使用哪一种量词的名词＋助词的后面。但是、表示时间长短的数量词不受此限。

   ① りんごを 4つ 買いました。　　　　　买了四个苹果。
   ② 外国人の 学生が 2人 います。　　　有两个外国学生。
   ③ 国で 2か月 日本語を 勉強しました。
       在国内学了两个月的日语。

2) 询问数量的方法

   (1) いくつ

   询问用 1-1) 的说法来数的东西的数量时用「いくつ」。

   ④ みかんを いくつ 買いましたか。　　买了几个桔子？
   　　……8つ 買いました。　　　　　　……买了八个。

   (2) なん＋量词

   询问用 1-2) 这样的量词来数的东西的数量时用「なん＋量词」。

⑤ この 会社に 外国人が 何人 いますか。
　……5人 います。

这家公司有几个外国人？
……有五个。

⑥ 毎晩 何時間 日本語を 勉強しますか。
　……2時間 勉強します。

晚上学习几个小时日语？
……学习两个小时。

(3) どのくらい

询问时间的长短时用「どのくらい」。

⑦ どのくらい 日本語を 勉強しましたか。
　……3年 勉強しました。

学了多长时间日语了？
……学了三年了。

⑧ 大阪から 東京まで どのくらい かかりますか。
　……新幹線で 2時間半 かかります。

从大阪到东京要多长时间？
……坐新干线要两个半小时。

3) ～ぐらい

「ぐらい」接在数量词之后表示大概的数量。

⑨ 学校に 先生が 30人ぐらい います。
学校里大约有三十位老师。

⑩ 15分ぐらい かかります。　　　　大约要十五分钟。

3. 数量词(期间)に －回 动词

这是表示频度的用法。

⑪ 1か月に 2回 映画を 見ます。　　一个月看两次电影。

4. 数量词だけ／名词だけ

「だけ」接在数量词或名词之后，意思是只有这些，不会再有超过于此的了。

⑫ パワー電気に 外国人の 社員が 1人だけ います。
动力电气公司只有一个外国职员。

⑬ 休みは 日曜日だけです。　　　　休息日只有星期天。

第 12 课

I. 单词

かんたん[な]	簡単[な]	简单
ちかい	近い	近
とおい*	遠い	远
はやい	速い、早い	快、早
おそい*	遅い	慢
おおい [ひとが～]	多い [人が～]	[人] 多
すくない* [ひとが～]	少ない [人が～]	[人] 少
あたたかい	暖かい、温かい	暖和、温
すずしい	涼しい	凉快
あまい	甘い	甜
からい	辛い	辣
おもい	重い	重
かるい*	軽い	轻
いい [コーヒーが～]		[咖啡] 好（从两种物品中选择时）
きせつ	季節	季节
はる	春	春天
なつ	夏	夏天
あき	秋	秋天
ふゆ	冬	冬天
てんき	天気	天气
あめ	雨	雨
ゆき	雪	雪
くもり	曇り	阴
ホテル		饭店
くうこう	空港	机场
うみ	海	海
せかい	世界	世界
パーティー		晚会、派对（～を します：开晚会）
[お]まつり	[お]祭り	庙会、庆典、节庆

すきやき*	すき焼き	鸡素烧（日本菜。牛肉、蔬菜火锅）
さしみ*	刺身	生鱼片（日本菜。切成薄片的鲜鱼）
[お]すし		寿司（日本菜。生鱼等作成的饭卷）
てんぷら		天麩罗（日本菜。把海鲜、蔬菜等裹上面粉糊，油炸做成的食品。）
ぶたにく*	豚肉	猪肉
とりにく	とり肉	鸡肉
ぎゅうにく	牛肉	牛肉
レモン		柠檬
いけばな	生け花	插花（～を　します：插花）
もみじ	紅葉	红叶
どちら		哪一个（用于从两个中间选择一个时）
どちらも		两个都～
いちばん		最
ずっと		～得多
はじめて	初めて	初次

〈会話〉

ただいま。	我回来了。
お帰りなさい。	回来啦。
わあ、すごい人ですね。	哇，人好多啊！
疲れました。	我累了。

祇園祭	祇园祭（京都最有名的庙会）
ホンコン	香港
シンガポール	新加坡
ABCストア	（虚构的超市）
ジャパン	（虚构的超市）

II. 翻译

句型
1. 昨天下雨了。
2. 昨天很冷。
3. 北海道比九州大。
4. 一年中我最喜欢夏天。

例句
1. 京都安静吗？
   ……不，不安静。
2. 旅行很愉快吗？
   ……是的，很愉快。
   天气好吗？
   ……不，不太好。
3. 昨天的晚会怎么样？
   ……非常热闹。见到了各种各样的人。
4. 纽约比大阪冷吗？
   ……对，冷得多。
5. 去机场，公共汽车和电车哪个快？
   ……电车快。
6. 大海和高山，你喜欢哪个？
   ……都喜欢。
7. 日本菜里边，你最喜欢什么？
   ……最喜欢天麸罗。

会话

祇园祭怎么样？

米勒：　我回来了。
管理人：回来啦。
米勒：　这是从京都给你带回来的礼物。
管理人：谢谢。
　　　　祇园祭怎么样？
米勒：　很有意思。
　　　　可热闹了。
管理人：祇园祭在京都的节庆活动中是最有名的。
米勒：　是吗。
　　　　我照了很多照片。这就是。
管理人：哇，人好多啊。
米勒：　是啊。不过有点儿累了。

III. 参考词汇与信息

祭（まつ）りと 名所（めいしょ）　　传统节庆与旅游胜地

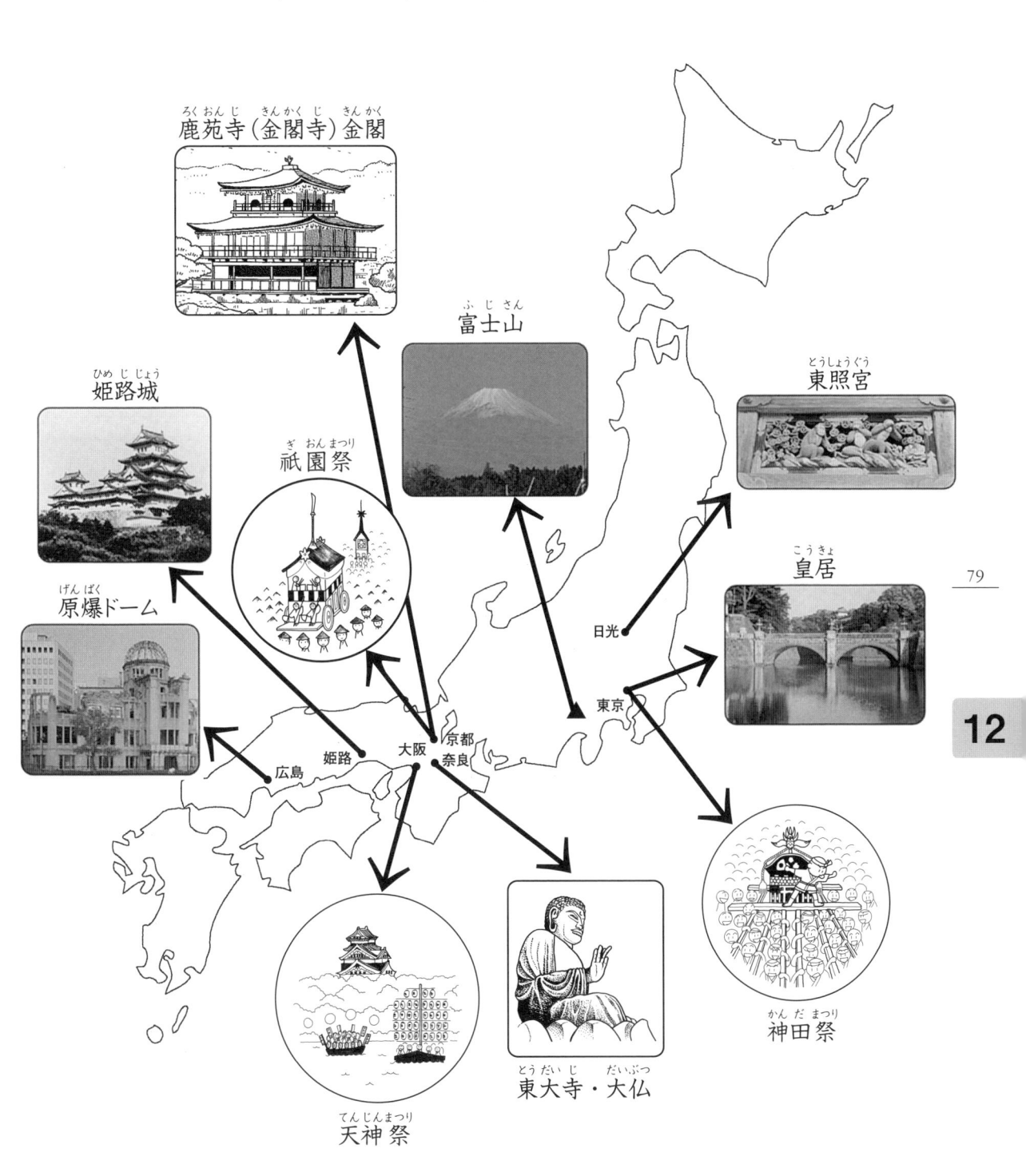

- 鹿苑寺（金閣寺）金閣（ろくおんじ（きんかくじ）きんかく）
- 富士山（ふじさん）
- 東照宮（とうしょうぐう）
- 姫路城（ひめじじょう）
- 祇園祭（ぎおんまつり）
- 皇居（こうきょ）
- 原爆ドーム（げんばくドーム）
- 天神祭（てんじんまつり）
- 東大寺・大仏（とうだいじ・だいぶつ）
- 神田祭（かんだまつり）

地名：広島、姫路、大阪、京都、奈良、日光、東京

IV. 语法解释

1. 名词句、な形容词句的时态：肯定・否定

	非过去（现在・未来）		过去	
肯定	名词 な形容词	あめ しずか ｝です	名词 な形容词	あめ しずか ｝でした
否定	名词 な形容词	あめ しずか ｝じゃ ありません （では）	名词 な形容词	あめ しずか ｝じゃ ありませんでした （では）

① きのうは 雨でした。　　　　　　　　昨天下雨了。
② きのうの 試験は 簡単じゃ ありませんでした。
　　昨天的考试不容易。

2. い形容词句的时态：肯定・否定

	非过去（现在・未来）	过去
肯定	あついです	あつかったです
否定	あつくないです	あつくなかったです

③ きのうは 暑かったです。　　　　　　昨天很热。
④ きのうの パーティーは あまり 楽しくなかったです。
　　昨天的晚会没什么意思。

3. 名词₁は 名词₂より 形容词です

以名词₂为标准来陈述名词₁的性质和状态。

⑤ この 車は あの 車より 大きいです。　这辆车比那辆车大。

4. 名词₁と 名词₂と どちらが 形容词ですか
　　……名词₁／名词₂の ほうが 形容词です

将两者加以比较时，无论比较的东西是什么疑问词都用「どちら」。

⑥ サッカーと 野球と どちらが おもしろいですか。
　　……サッカーの ほうが おもしろいです。
　　足球和棒球哪个有意思？
　　……足球有意思。
⑦ ミラーさんと サントスさんと どちらが テニスが 上手ですか。
　　米勒和桑托斯谁的网球打得好？
⑧ 北海道と 大阪と どちらが 涼しいですか。
　　北海道和大阪哪里凉快？
⑨ 春と 秋と どちらが 好きですか。
　　春天和秋天喜欢哪个？

5.
$$名词_1[の 中]で \begin{Bmatrix} 何 \\ どこ \\ だれ \\ いつ \end{Bmatrix} が いちばん 形容词ですか$$
$$……名词_2 が いちばん 形容词です$$

「で」表示范围。问名词₁的范围中形容词所表示的状态、性质程度最高的事物、地点、人物以及时间等时，使用与其相对应的疑问词。

⑩ 日本料理[の中]で 何が いちばん おいしいですか。
　　……てんぷらが いちばん おいしいです。
　　日本菜（中）什么最好吃？
　　……天麸罗最好吃。

⑪ ヨーロッパで どこが いちばん よかったですか。
　　……スイスが いちばん よかったです。
　　欧洲哪里最好？
　　……瑞士最好。

⑫ 家族で だれが いちばん 背が 高いですか。
　　……弟が いちばん 背が 高いです。
　　家里谁最高？
　　……弟弟最高。（第16课）

⑬ 1年で いつが いちばん 寒いですか。　　一年里什么时候最冷？
　　……2月が いちばん 寒いです。　　……2月最冷。

[注] 询问形容词句主语的带有疑问词的疑问句，疑问词之后也用「が」。（参考第10课）

6. 形容词の （代替名词使用的「の」）

在第2课中学习了「名词₁の」这一句型之前的名词可以用「の」来代替。在本课的例句中所用的「あついの」为「形容词の」的句型，和「名词₁の」一样，是用来代替名词的。

⑭ カリナさんの かばんは どれですか。　　卡莉娜的提包是哪个？
　　……あの 赤くて、大きいのです。　　……那个红色的大包。（第16课）

第 13 课

I. 单词

あそびます	遊びます	玩儿
およぎます	泳ぎます	游泳
むかえます	迎えます	迎接
つかれます	疲れます	累（表示累了的状态时用「つかれました」）
けっこんします	結婚します	结婚
かいものします	買い物します	买东西
しょくじします	食事します	吃饭、用餐
さんぽします [こうえんを〜]	散歩します [公園を〜]	[在公园] 散步
たいへん[な]	大変[な]	很（累人）、相当（辛苦）（表示相当糟糕、不好的状态）
ほしい	欲しい	想要
ひろい	広い	宽
せまい	狭い	窄
プール		游泳池
かわ	川	河流
びじゅつ	美術	美术
つり	釣り	钓鱼（〜を します：钓鱼）
スキー		滑雪（〜を します：滑雪）
しゅうまつ	週末	周末
[お]しょうがつ	[お]正月	新年
〜ごろ		〜左右（用于时间）
なにか	何か	什么（表示不特定的某件事情或某一物品）
どこか		哪里（表示不特定的某个地方）

〈練習C〉

のどが かわきます	口渇（表示口渇了的状态时用「のどが かわきました」）
おなかが すきます	肚子饿（表示肚子饿了的状态时用「おなかが すきました」）
そう しましょう。	就这样干吧。（用于同意去做对方提议的事情时）

〈会話〉

ご注文は？	您点什么？
定食	套餐
牛どん	牛肉盖饭
［少々］お待ち ください。	请稍等。
～で ございます。	（「です」的礼貌用语）
別々に	分别

アキックス	（虚构的公司）
おはようテレビ	（虚构的电视节目）

II. 翻译

句型
1. 我想要辆汽车。
2. 我想吃寿司。
3. 我去法国学习烹饪。

例句
1. 你现在最想要什么?
   ……想要一台新的手机。
2. 你暑假想去哪儿?
   ……想去冲绳。
3. 今天累了,什么都不想干。
   ……是啊,今天的会够累人的。
4. 你周末干什么?
   ……和孩子去神户看船。
5. 你来日本学习什么?
   ……我是来学美术的。
6. 你寒假去了什么地方?
   ……嗯,去北海道滑雪了。

会话

请分开算

山田：已经 12 点了。去吃午饭好吗?
米勒：好。
山田：去哪儿?
米勒：嗯,今天想去吃日本菜。
山田：那去"鹤屋"吧。

　　　……………………………………………

服务员：来点儿什么?
米勒：我要天麸罗套餐。
山田：我要牛肉盖饭。
服务员：天麸罗套餐和牛肉盖饭,对吧? 请稍等。

　　　……………………………………………

服务员：1,680 日元。
米勒：对不起,请分开算。
服务员：好。天麸罗套餐 980 日元,牛肉盖饭 700 日元。

III. 参考词汇与信息

<ruby>町<rt>まち</rt></ruby>の<ruby>中<rt>なか</rt></ruby>　城市里

<ruby>博物館<rt>はくぶつかん</rt></ruby>	博物馆	<ruby>市役所<rt>しやくしょ</rt></ruby>	市政府
<ruby>美術館<rt>びじゅつかん</rt></ruby>	美术馆	<ruby>警察署<rt>けいさつしょ</rt></ruby>	警察局
<ruby>図書館<rt>としょかん</rt></ruby>	图书馆	<ruby>交番<rt>こうばん</rt></ruby>	派出所
<ruby>映画館<rt>えいがかん</rt></ruby>	电影院	<ruby>消防署<rt>しょうぼうしょ</rt></ruby>	消防站
<ruby>動物園<rt>どうぶつえん</rt></ruby>	动物园	<ruby>駐車場<rt>ちゅうしゃじょう</rt></ruby>	停车场
<ruby>植物園<rt>しょくぶつえん</rt></ruby>	植物园		
<ruby>遊園地<rt>ゆうえんち</rt></ruby>	游乐园	<ruby>大学<rt>だいがく</rt></ruby>	大学
		<ruby>高校<rt>こうこう</rt></ruby>	高中
お<ruby>寺<rt>てら</rt></ruby>	寺庙	<ruby>中学校<rt>ちゅうがっこう</rt></ruby>	初中
<ruby>神社<rt>じんじゃ</rt></ruby>	神社	<ruby>小学校<rt>しょうがっこう</rt></ruby>	小学
<ruby>教会<rt>きょうかい</rt></ruby>	教会	<ruby>幼稚園<rt>ようちえん</rt></ruby>	幼儿园
モスク	清真寺	<ruby>肉屋<rt>にくや</rt></ruby>	肉店
<ruby>体育館<rt>たいいくかん</rt></ruby>	体育馆	パン<ruby>屋<rt>や</rt></ruby>	面包店
プール	游泳池	<ruby>魚屋<rt>さかなや</rt></ruby>	鱼店
<ruby>公園<rt>こうえん</rt></ruby>	公园	<ruby>酒屋<rt>さかや</rt></ruby>	酒铺
		<ruby>八百屋<rt>やおや</rt></ruby>	菜店
<ruby>大使館<rt>たいしかん</rt></ruby>	大使馆	<ruby>喫茶店<rt>きっさてん</rt></ruby>	咖啡店
<ruby>入国管理局<rt>にゅうこくかんりきょく</rt></ruby>	入境管理局	コンビニ	便利店
		スーパー	超市
		デパート	百货商店

IV. 语法解释

1. 名词が 欲しいです

「ほしい」是「い形容词」。「ほしい」的宾语用「が」表示。

① わたしは 友達が 欲しいです。　　　　我想交朋友。
② 今 何が いちばん 欲しいですか。　　你现在最想要什么？
　……車が 欲しいです。　　　　　　　……想要辆汽车。
③ 子どもが 欲しいですか。　　　　　　你想要孩子吗？
　……いいえ、欲しくないです。　　　　……不，不想要。

2. 动词ます形たいです

1) 动词ます形
   接续「ます」的形态（例如：「かいます」的「かい」）叫做「ます形」。
2) 动词ます形たいです
   「动词ます形たいです」用于表示有某种行为欲望时。「～たい」的宾语有时用助词「を」表示，也有时用「が」表示。「～たい」的活用与「い形容词」相同。

④ わたしは 沖縄へ 行きたいです。　　　我想去冲绳。
⑤ わたしは てんぷらを 食べたいです。　我想吃天麸罗。
　　　　　　　　　（が）
⑥ 神戸で 何を 買いたいですか。　　　　想在神户买什么？
　　　　　（が）
　……靴を 買いたいです。　　　　　　　……想买鞋。
　　　（が）
⑦ おなかが 痛いですから、何も 食べたくないです。
　我肚子疼，什么也不想吃。（第17课）

[注1]「ほしいです」「～たいです」不能用于陈述说话人和听话人以外的第三者的欲望。

[注2]「ほしいですか」「动词ます形たいですか」不能用在劝诱听话人做什么时。比如在劝对方喝咖啡时，不能用「コーヒーがほしいですか、コーヒーがのみたいですか」。在这种时候，应该用「コーヒーはいかがですか、コーヒーをのみませんか」等表现。

3. 名词(场所)へ { 动词ます形 / 名词 } に 行きます／来ます／帰ります

「いきます」「きます」「かえります」这些动作的目的用「に」表示。
⑧ 神戸へ インド料理を 食べに 行きます。
　　去神户吃印度菜。

「に」前面的动词为「名词します」(例如：「かいものします」「べんきょうします」) 及「名词を します」(例如：「おはなみを します」「つりを します」) 时，用「名词に いきます／きます／かえります」的形式。
⑨ 神戸へ 買い物に 行きます。　　　　去神户买东西。
⑩ 日本へ 美術の 勉強に 来ました。　来日本学习美术的。

[注] 节庆活动或音乐会等表示集会庆典的名词放在「に」的前面时，动作的目的一般被认为是去参加节庆活动、听音乐会等。
⑪ あした 京都の お祭りに 行きます。
　　明天去看京都的庆典活动。

4. どこか／何か

「どこか」的意思是某个地方，「なにか」的意思是某一物品。「どこか」「なにか」后面的助词「へ」「を」可以省略。
⑫ 冬休みは どこか[へ] 行きましたか。
　　……はい。北海道へ スキーに 行きました。
　　寒假去哪儿了吗？
　　……嗯，去北海道滑雪了。

[注] 可以在表示时间的词汇后面加助词「は」，作为主题加以提示。
⑬ のどが かわきましたから、何か[を] 飲みたいです。
　　渴了，想喝点儿什么。

5. ご～

「ご」表示敬意。
⑭ ご注文は？　　　　　　　　您点什么？

第 14 课

I. 单词

つけますⅡ		开（空调等）
けしますⅠ	消します	关（空调等）
あけますⅡ	開けます	开（门、窗等）
しめますⅡ	閉めます	关（门、窗等）
いそぎますⅠ	急ぎます	急、急忙
まちますⅠ	待ちます	等
もちますⅠ	持ちます	拿
とりますⅠ	取ります	取
てつだいますⅠ	手伝います	帮忙
よびますⅠ	呼びます	叫
はなしますⅠ	話します	说话
つかいますⅠ	使います	使用
とめますⅡ	止めます	停、止
みせますⅡ	見せます	显示、给～看
おしえますⅡ [じゅうしょを～]	教えます [住所を～]	告诉 [地址]
すわりますⅠ	座ります	坐
たちますⅠ*	立ちます	站
はいりますⅠ [きっさてんに～]	入ります [喫茶店に～]	进 [咖啡馆]
でますⅡ* [きっさてんを～]	出ます [喫茶店を～]	出 [咖啡馆]
ふりますⅠ [あめが～]	降ります [雨が～]	下 [雨]
コピーしますⅢ		复印
でんき	電気	电灯、电气
エアコン		空调
パスポート		护照
なまえ	名前	姓名
じゅうしょ	住所	地址
ちず	地図	地图
しお	塩	盐
さとう	砂糖	糖

もんだい	問題	练习题、问题
こたえ	答え	回答
よみかた	読み方	读法、念法
〜かた	〜方	〜法
まっすぐ		一直
ゆっくり		慢慢儿、好好儿
すぐ		马上
また		再
あとで		回头、一会儿
もう すこし	もう 少し	再〜一点儿、还〜一点儿
もう 〜		再〜、还〜

⟨練習C⟩
さあ	喂（用于提议、催促做某事时用）
あれ？	欸？（用于感到吃惊、不可思议时）

⟨会話⟩
信号を 右へ 曲がって ください。	到红绿灯处往右拐。
これで お願いします。	给您钱。
お釣り	找零钱

みどり町	（虚构的城市）

II. 翻译

句型
1. 请等一下。
2. 我来帮您拿行李吧。
3. 米勒现在正在打电话。

例句
1. 请用圆珠笔写上名字。
   ……噢，知道了。
2. 对不起，请教我一下这个汉字的读法。
   ……念"じゅうしょ"。
3. 真热啊。把窗开开吧。
   ……对不起，请你开一下。
4. 到车站去接你吧？
   ……不用。我坐出租车去。
5. 佐藤在哪儿？
   ……现在在会议室和松本谈话呢。
   那我过一会儿再来。
6. 下着雨呢吗？
   ……不，没下。

会话

请去绿町

卡莉娜：请去绿町。
司机：　好的。
　　　　……………………………………
卡莉娜：对不起，请在那个红绿灯往右拐。
司机：　往右，对吗？
卡莉娜：对。
　　　　……………………………………
司机：　一直走吗？
卡莉娜：对，请一直走。
　　　　……………………………………
卡莉娜：请停在那家花店前面。
司机：　好的。
　　　　1,800日元。
卡莉娜：给你钱。
司机：　找你3,200日元。谢谢。

III. 参考词汇与信息

駅(えき)　车站

切符売り場(きっぷうりば)	售票处	特急(とっきゅう)	特快
自動券売機(じどうけんばいき)	自动售票机	急行(きゅうこう)	急行
精算機(せいさんき)	精算机	快速(かいそく)	快速
改札口(かいさつぐち)	检票口	準急(じゅんきゅう)	准快速
出口(でぐち)	出口	普通(ふつう)	慢车
入口(いりぐち)	入口		
東口(ひがしぐち)	东出口	時刻表(じこくひょう)	时刻表
西口(にしぐち)	西出口	～発(はつ)	～发车
南口(みなみぐち)	南出口	～着(ちゃく)	～到站
北口(きたぐち)	北出口	[東京(とうきょう)]行(い)き	开往[东京]
中央口(ちゅうおうぐち)	中央出口		
		定期券(ていきけん)	月票
		回数券(かいすうけん)	联票
[プラット]ホーム	站台	片道(かたみち)	单程
売店(ばいてん)	小卖店	往復(おうふく)	往返
コインロッカー	投币式行李存放柜		
タクシー乗(の)り場(ば)	出租车站		
バスターミナル	公共汽车总站		
バス停(てい)	公共汽车站		

IV. 语法解释

1. 动词的类型

日语动词的句尾有活用变化，可以在活用形后接续各种句子，表示各种不同的意思。根据活用的方法，分为三种类型。

1) Ⅰ类动词

这一类动词的ます形的最后音节为い段。

例：か<u>き</u>ます　写　　の<u>み</u>ます　喝

2) Ⅱ类动词

这一类动词的ます形的最后音节绝大部分为え段，也有一小部分为い段。

例：た<u>べ</u>ます　吃　　み<u>せ</u>ます　给～看　　<u>み</u>ます　看

3) Ⅲ类动词

这一类动词有「します」和动作性的名词+「します」以及「きます」。

2. 动词て形

以「て」或「で」结束的动词的活用形叫做て形。从ます形变成て形的方法，根据动词类型的不同分为以下几种。（参考本册第14课练习A1）。

1) Ⅰ类动词

(1) ます形的最后音节是「い、ち、り」时，去掉「い、ち、り」，后续「って」。

例：か<u>い</u>ます　→　かって　买　　ま<u>ち</u>ます　→　まって　等
　　かえ<u>り</u>ます　→　かえって　回去

(2) ます形的最后音节是「み、び、に」时，去掉「み、び、に」，后续「んで」。

例：の<u>み</u>ます　→　のんで　喝　　よ<u>び</u>ます　→　よんで　叫
　　し<u>に</u>ます　→　しんで　死

(3) ます形的最后音节是「き、ぎ」时，去掉「き、ぎ」，后面分别接「いて、いで」。

例：か<u>き</u>ます　→　かいて　写　　いそ<u>ぎ</u>ます　→　いそいで　急

但是，「いきます」（去）属于例外，变化为「いって」。

(4) ます形的最后音节是「し」时，为ます形接「て」

例：か<u>し</u>ます　→　かして　借

2) Ⅱ类动词

ます形接「て」。

例：た<u>べ</u>ます　→　たべて　吃　　み<u>せ</u>ます　→　みせて　给～看
　　<u>み</u>ます　→　みて　看

3) Ⅲ类动词

ます形接「て」。

例：きます　→　きて　来　　します　→　して　做
　　さんぽします　→　さんぽして　散步

3. 动词て形 ください　　请……

这一句型用于指示、委托或劝诱对方做某件事情时。但是，因为作为委托别人时这并不是很客气的用法，所以如同下面例句①一样，多与「すみません」一起使用。

① すみませんが、この 漢字の 読み方を 教えて ください。
　　对不起，请教我一下这个汉字的念法。（恳求）
② ボールペンで 名前を 書いて ください。
　　请用圆珠笔写上姓名。（指示）
③ どうぞ たくさん 食べて ください。　请多吃一点儿。（劝诱）

4. 动词て形 います

这一句型表示某一动作正在进行。

④ ミラーさんは 今 電話を かけて います。
　　米勒正在打电话。
⑤ 今 雨が 降って いますか。　　　　　现在在下雨吗？
　　……はい、降って います。　　　　……对，正在下。
　　……いいえ、降って いません。　　……不，没下。

5. 动词ます形ましょうか　……吧

这是说话人提出要为对方做什么时的表达方式。

⑥ あしたも 来ましょうか。　　　　　　我明天也来吧。
　　……ええ、10時に 来て ください。　……好，请10点来。
⑦ 傘を 貸しましょうか。　　　　　　　把伞借给你吧。
　　……すみません。お願いします。　　……谢谢，那就不客气了。
⑧ 荷物を 持ちましょうか。　　　　　　我来帮你拿行李吧。
　　……いいえ、けっこうです。　　　　……谢谢，不用了。

6. 名词が 动词

把自己五官（眼睛、耳朵等）所感的某种现象直接说出来，或客观地传达某件事情时，主语用助词「が」表示。

⑨ 雨が 降って います。　　　　　　　下着雨呢。
⑩ ミラーさんが いませんね。　　　　　米勒不在。

7. すみませんが

⑪ すみませんが、塩を 取って ください。
　　对不起，请拿点儿盐来。
⑫ 失礼ですが、お名前は？　　　　　　对不起，您叫什么名字？

与别人搭话时所用的「すみませんが」「しつれいですが」等表现中的「が」没有逆接的意思，是用于开场白的轻微接续。

第 15 课

I. 单词

おきます I	置きます	放
つくります I	作ります、造ります	做、制造
うります I	売ります	卖
しります I	知ります	知道
すみます I	住みます	住
けんきゅうします III	研究します	研究
しりょう	資料	资料
カタログ		目录
じこくひょう	時刻表	时刻表
ふく	服	衣服
せいひん	製品	产品
ソフト		软件
でんしじしょ	電子辞書	电子辞典
けいざい	経済	经济
しゃくしょ	市役所	市政府
こうこう	高校	高中
はいしゃ	歯医者	牙医
どくしん	独身	单身
すみません		对不起

〈練習C〉
皆さん　　　　　　　　　　　　　大家

〈会話〉
思い出しますⅠ　　　　　　　　　想起
いらっしゃいますⅠ　　　　　　　有、在（「います」的敬语）

....

日本橋　　　　　　　　　　　　　日本桥（大阪的商业地区）

みんなの インタビュー　　　　　（虚构的电视节目）

II. 翻译

句型
1. 可以照相吗？
2. 桑托斯有电子字典。

例句
1. 这个目录可以拿走吗？
   ……嗯，可以。请拿吧。
2. 借用一下这本字典，可以吗？
   ……嗯，对不起，我正用着呢。
3. 不可以在这里玩儿。
   ……知道了。
4. 你知道市政府的电话号码吗？
   ……不，不知道。
5. 玛丽亚住在什么地方？
   ……住在大阪。
6. 小王结婚了吗？
   ……没有，他是独身。
7. 你做什么工作？
   ……我是教师。在高中教书。

会话

你家里都有什么人？

木村：这个电影真不错。
米勒：是啊。让我想起家里人来了。
木村：是吗，米勒家里都有什么人？
米勒：父母和一个姐姐。
木村：他们都在什么地方？
米勒：父母住在纽约附近。
　　　姐姐在伦敦工作。
　　　木村家呢？
木村：三口人。父亲是银行行员。
　　　母亲在高中教英语。

III. 参考词汇与信息

職業（しょくぎょう） 职业

会社員（かいしゃいん）	公司职员
公務員（こうむいん）	公务员
駅員（えきいん）	站务员
銀行員（ぎんこういん）	银行行员
郵便局員（ゆうびんきょくいん）	邮局职员
店員（てんいん）	店员
調理師（ちょうりし）	厨师
理容師（りようし）	理发师
美容師（びようし）	美发师
教師（きょうし）	教师
弁護士（べんごし）	律师
研究者（けんきゅうしゃ）	研究人员
医者／看護師（いしゃ／かんごし）	医生／护士
運転手（うんてんしゅ）	司机
警察官（けいさつかん）	警官
外交官（がいこうかん）	外交官
政治家（せいじか）	政治家
画家（がか）	画家
作家（さっか）	作家
音楽家（おんがくか）	音乐家
建築家（けんちくか）	建筑家
エンジニア	工程师
デザイナー	设计师
ジャーナリスト	记者
歌手／俳優（かしゅ／はいゆう）	歌手／演员
スポーツ選手（せんしゅ）	运动选手

IV. 语法解释

1. 动词て形も いいですか　　可以……吗？

这是希望得到许可的表现。

① 写真を 撮っても いいですか。　　　　可以拍照吗？

用这一表现被要求予以许可时的回答如下面的例句②③。
特别是在不予许可的时候，有比较委婉的回答（②）和表示禁止的回答（③参考下面的 2）。两种回答都可以添加理由。

② ここで たばこを 吸っても いいですか。在这儿可以吸烟吗？
　　……ええ、［吸っても］いいですよ。　……嗯，可以吸。
　　……すみません、ちょっと……。のどが 痛いですから。
　　……对不起。因为我有点儿嗓子疼。（第17课）

③ ここで たばこを 吸っても いいですか。在这儿可以吸烟吗？
　　……ええ、［吸っても］いいですよ。　……嗯，可以吸。
　　……いいえ、［吸っては］いけません。禁煙ですから。
　　……不行，不能吸。因为这里禁止吸烟。

2. 动词て形は いけません　　不准……

这一用法表示禁止的意思。

④ ここで たばこを 吸っては いけません。禁煙ですから。
　　这里不准吸烟，因为这里禁止吸烟。

这一用法下级和晚辈对上级或长辈说话时不能使用。

3. 动词て形 います

这一句型除了在第14课学过的表示动作正在继续的用法之外，还有以下的用法。

1) 表示状态（主要是使用～て います形的动词）

⑤ わたしは 結婚して います。　　　　我结婚了。
⑥ わたしは 田中さんを 知って います。我认识田中。
⑦ わたしは カメラを 持って います。　我有照相机。
⑧ わたしは 大阪に 住んで います。　　我住在大阪。

［注1］「しって います」的否定是「しりません」。注意不要说成「しって いません」。

⑨ 市役所の 電話番号を 知って いますか。
　　你知道市政府的电话号码吗？
　　……はい、知って います。　　　……噢，知道。
　　……いいえ、知りません。　　　　……不，不知道。

[注2]「もって います」有两种意思，一是现在手里拿着，另一是拥有。
2) 表示习惯性的行为（长期重复做同一动作）、职业以及身份。
⑩ IMC は コンピューターソフトを 作って います。
IMC 公司制作电脑软件。
⑪ スーパーで ナンプラーを 売って います。　超市卖鱼酱。
⑫ ミラーさんは IMC で 働いて います。　米勒在 IMC 公司工作。
⑬ 妹は 大学で 勉強して います。　妹妹在上大学。

4. 名词に 动词

助词「に」可以与「はいります」「すわります」「のります（乗，参考第16课）」「のぼります（登、上，参考第19课）」「つきます（到，参考第25课）」等动词一起使用，表示主语因其动作的结果而存在的场所。
⑭ ここに 入っては いけません。　这里不得入内。
⑮ ここに 座っても いいですか。　可以坐在这里吗？
⑯ 京都駅から 16番の バスに 乗って ください。
请从京都车站坐16路公共汽车。（第16课）

5. 名词₁に 名词₂を 动词

助词「に」表示动词的结果、名词₂存在的场所（名词₁）。
⑰ ここに 車を 止めて ください。　请把车停在这里。
⑱的「に」也有同样的功能。
⑱ ここに 住所を 書いて ください。　请在这儿写上住址。

第 16 课

I. 单词

のりますI 　[でんしゃに〜]	乗ります 　[電車に〜]	坐、乘［电车］
おりますII 　[でんしゃを〜]	降ります 　[電車を〜]	下［电车］
のりかえますII	乗り換えます	换车
あびますII 　[シャワーを〜]	浴びます	冲［淋浴］
いれますII	入れます	放入、插入
だしますI	出します	拿出、取出、提交、寄
おろしますI 　[おかねを〜]	下ろします 　[お金を〜]	取［款］
はいりますI 　[だいがくに〜]	入ります 　[大学に〜]	上［大学］
でますII 　[だいがくを〜]	出ます 　[大学を〜]	［大学］毕业
おしますI	押します	按、押、推
のみますI	飲みます	喝酒
はじめますII	始めます	开始
けんがくしますIII	見学します	参观
でんわしますIII	電話します	打电话
わかい	若い	年轻
ながい	長い	长
みじかい	短い	短
あかるい	明るい	明亮
くらい	暗い	昏暗
からだ*	体	身体
あたま	頭	头、脑子
かみ	髪	头发
かお*	顔	脸
め	目	眼睛
みみ*	耳	耳朵
はな*	鼻	鼻子
くち*	口	嘴巴
は*	歯	牙齿
おなか*		肚子
あし*	足	脚、腿
せ	背	个子

サービス		服务
ジョギング		慢跑（～を します：慢跑）
シャワー		淋浴
みどり	緑	绿色、绿树绿草
[お]てら	[お]寺	寺庙
じんじゃ	神社	神社
－ばん	－番	－号
どうやって		怎么～（询问行动的方法）
どの ～		哪个～（有三个以上的东西时）
どれ		哪个（有三个以上的东西时）

〈練習C〉

すごいですね。	真了不起啊。真棒。
[いいえ、]まだまだです。	[不,]还差得远。

〈会話〉

お引き出しですか。	您是取钱吗？
まず	首先
次に	其次
キャッシュカード	提款卡、现金卡
暗証番号	密码
金額	金额
確認	确认（～します：进行确认）
ボタン	按键、开关

JR	JR（日本铁道公司）
雪祭り	雪节
バンドン	万隆（印度尼西亚地名）
フランケン	弗朗肯（德国地名）
ベラクルス	贝拉克鲁斯（墨西哥地名）
梅田	梅田（大阪的街名）
大学前	（虚构的公共汽车站）

II. 翻译

句型
1. 早上先去跑步，然后冲个澡，再去公司。
2. 演唱会结束之后，又去餐厅吃了饭。
3. 大阪食品很好吃。
4. 这个房间又宽敞又明亮。

例句
1. 你昨天干什么了？
 ……先去图书馆借了书，然后又去会了朋友。
2. 到大学怎么走？
 ……从京都车站坐16路公共汽车，在大学前站下车。
3. 现在就去大阪城参观吗？
 ……不，先吃午饭，然后再去参观。
4. 玛丽亚是哪位？
 ……就是那个长头发的人。
5. 太郎的自行车是哪一辆？
 ……是那辆蓝色的新车。
6. 奈良是个什么样的城市？
 ……是一个既安静又美丽的城市。
7. 那个人是谁？
 ……是卡莉那。印尼人，富士大学的留学生。

会话

请教我一下使用方法

玛丽亚： 对不起，请教我一下使用方法。
银行行员：是取钱吗？
玛丽亚： 对。
银行行员：那先按一下这里。
玛丽亚： 好的。
银行行员：然后把卡插到这儿，再按密码。
玛丽亚： 好的。
 按完了。
银行行员：那么，按一下金额。
玛丽亚： 取5万日元，5……
银行行员：按这里的"万"和"円"。
 然后再按"确认"键。
玛丽亚： 知道了。谢谢。

III. 参考词汇与信息

ATMの使い方　自动柜员机的使用方法

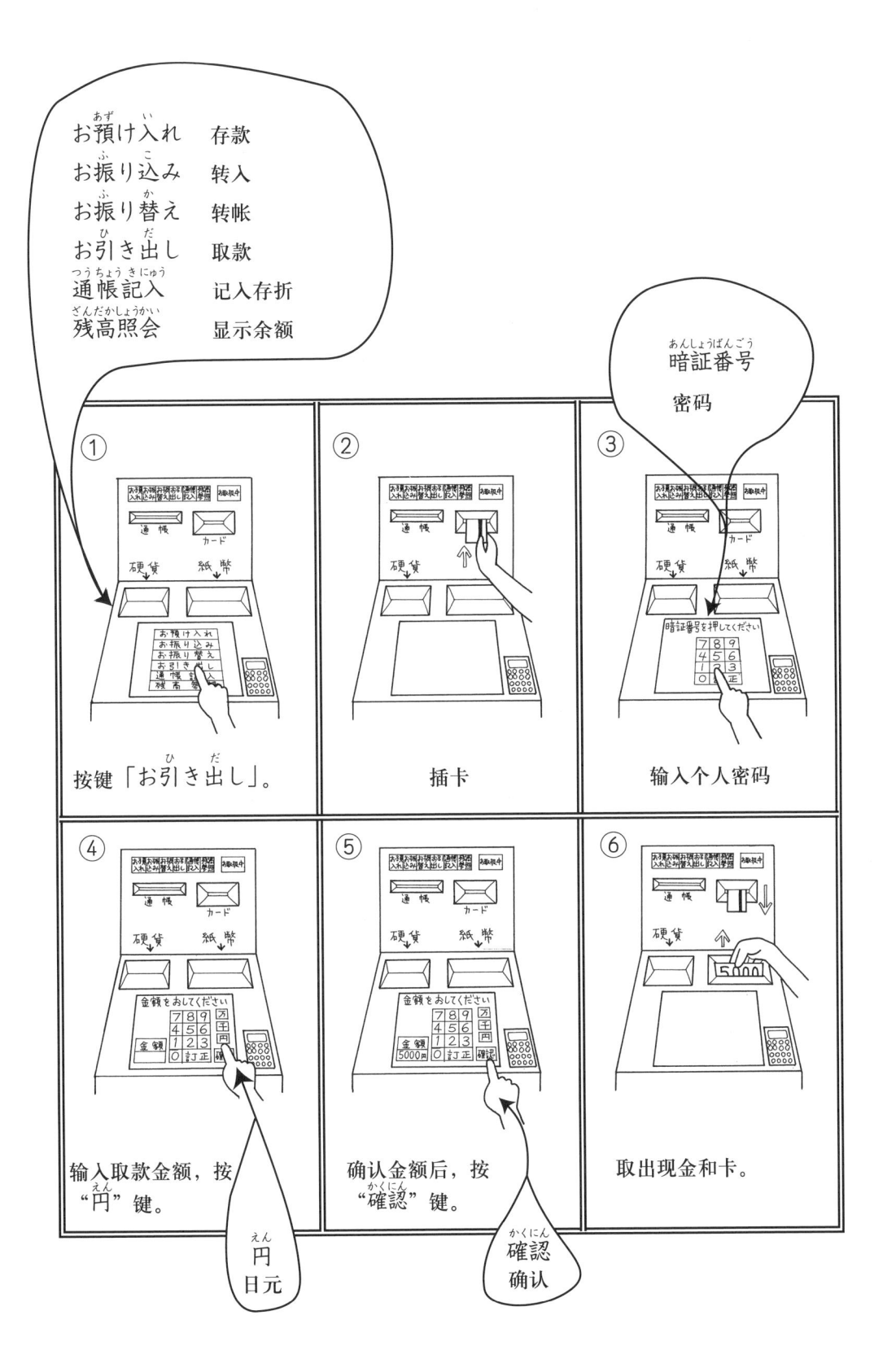

お預け入れ　存款
お振り込み　转入
お振り替え　转帐
お引き出し　取款
通帳記入　记入存折
残高照会　显示余额

暗証番号　密码

① 按键「お引き出し」。

② 插卡

③ 输入个人密码

④ 输入取款金额，按"円"键。

⑤ 确认金额后，按"確認"键。

⑥ 取出现金和卡。

円　日元

確認　确认

IV. 语法解释

1. 连接两个以上句子的方法
可以使用「〜て（で）」把两个以上的句子连接成一个句子。

1) 动词₁て形、[动词₂て形、]动词₃
在叙述两个以上连续发生的动作时，按动作的先后顺序，用动词的て形将它们连接在一起。句子的时态按最后一个动词的时态而定。

① 朝 ジョギングを して、シャワーを 浴びて、会社へ 行きます。
  早上先去跑步，然后冲个澡，再去公司。
② 神戸へ 行って、映画を 見て、お茶を 飲みました。
  到神户后，先去看了场电影，然后又去喝了茶。

2) い形容词（〜ǐ）→ 〜くて
  おおき－い → おおき－くて　　大
  ちいさ－い → ちいさ－くて　　小
  い－い　 →　よ－くて（例外）　好

③ ミラーさんは 若くて、元気です。　米勒既年轻又健壮。
④ きのうは 天気が よくて、暑かったです。　昨天天气很好，也很热。

3) な形容词[な] → 〜で

⑤ ミラーさんは ハンサムで、親切です。　米勒既英俊又亲切。
⑥ 奈良は 静かで、きれいな 町です。　奈良是一个既安静又美丽的城市。

[注] 同一主语的形容词句时，不能用「〜て（で）」来连接说话人所下评价相异的句子。这时，要用「が」。（参考第8课4）
  ×この 部屋は 狭くて、きれいです。
  ○この 部屋は 狭いですが、きれいです。　这个房间很窄，但是很干净。

4) 名词で

⑦ カリナさんは インドネシア人で、富士大学の 留学生です。
  卡莉娜是印尼人，富士大学的留学生。
⑧ カリナさんは 学生で、マリアさんは 主婦です。
  卡莉娜是学生，玛丽亚是家庭妇女。

2. 动词₁て形から、动词₂

这一句型表示动词₂是在动词₁之后进行的事情。因此动词₁多为动词₂的前提行为或准备动作。时态根据最后一个动词的时态而定。

⑨ お金を 入れてから、ボタンを 押して ください。
  把钱放进去之后，请按一下按钮。

另外「动词て形から」的主语用「が」来表示。

⑩ もう 昼ごはんを 食べましたか。
　……この 仕事が 終わってから、食べます。
已经吃过午饭了吗？
……这件工作结束之后去吃。

3. 名词₁は 名词₂が 形容词

这一句型表示句子的主题（名词₁）具有「名词₂が形容词」这样的性质。

⑪ 大阪は 食べ物が おいしいです。　　　　大阪小吃很好吃。
⑫ ドイツの フランケンは ワインが 有名です。
　　德国的弗朗肯葡萄酒很有名。
⑬ マリアさんは 髪が 長いです。　　　　玛丽亚头发很长。

4. 名词を 动词

「でます」「おります」等动词与助词「を」一起使用。这个「を」表示起点、出发点。

⑭ 7時に うちを 出ます。　　　　7点从家里出去。
⑮ 梅田で 電車を 降りました。　　　在梅田下电车。

5. どうやって

「どうやって」用于问路或问方法时。

⑯ 大学まで どうやって 行きますか。
　……京都駅から 16番の バスに 乗って、大学前で 降ります。
去大学怎么走？
……从京都车站坐16路公共汽车，在大学前站下车。

6. どれ／どの 名词

「どれ」是要求对方从具体提示的三个以上的事物中特定其中的一个时所使用的疑问词。

⑰ ミラーさんの 傘は どれですか。　　　米勒的雨伞是哪一把？
　……あの 青い 傘です。　　　　　　……是那把蓝色的伞。

「どれ」不能直接修饰名词。修饰名词时使用「どの」。

⑱ サントスさんは どの 人ですか。
　……あの 背が 高くて、髪が 黒い 人です。
桑托斯是哪一位？
……就是那个高个子、黑头发的人。

第 17 课

I. 单词

おぼえますⅡ	覚えます	记住
わすれますⅡ	忘れます	忘
なくしますⅠ		丢
はらいますⅠ	払います	付钱
かえしますⅠ	返します	还、返回
でかけますⅡ	出かけます	出门、外出
ぬぎますⅠ	脱ぎます	脱（衣服、鞋等）
もって いきますⅠ	持って 行きます	带去、拿去
もって きますⅢ	持って 来ます	带来、拿来
しんぱいしますⅢ	心配します	担心
ざんぎょうしますⅢ	残業します	加班
しゅっちょうしますⅢ	出張します	出差
のみますⅠ	飲みます	吃［药］
［くすりを～］	［薬を～］	
はいりますⅠ	入ります	洗［澡］
［おふろに～］		
たいせつ［な］	大切［な］	重要
だいじょうぶ［な］	大丈夫［な］	没问题
あぶない	危ない	危险
きんえん	禁煙	禁烟
［けんこう］ほけんしょう	［健康］保険証	［健康］保险证
ねつ	熱	发烧
びょうき	病気	疾病
くすり	薬	药
［お］ふろ		洗澡、澡盆
うわぎ	上着	外套
したぎ	下着	内衣

2、3にち	2、3日	两三天
2、3〜		两三〜

〜までに	到〜为止（时间期限）
ですから	因此

〈会話〉

どう しましたか。	怎么了?
のど	嗓子
［〜が］痛いです。	［〜］疼。
かぜ	感冒
それから	还有
お大事に。	多保重。(对患病、受伤的人所说的话)

II. 翻译

句型
1. 请不要拍照。
2. 必须出示护照。
3. 星期天不用早起。

例句
1. 请不要在那儿停车。
   ……对不起。
2. 已经12点了啊。一个人没问题吗？
   ……嗯，别担心。我坐出租车回去。
3. 今天晚上去喝一杯好吗？
   ……对不起，从明天起得去香港出差，所以要早点儿回去。
4. 小孩也要交费吗？
   ……不，不用交。
5. 报告要在什么时候以前交？
   ……请在星期五之前交上来。

会话

怎么啦？

医生：你怎么啦？
松本：从昨天开始嗓子疼，还有点儿发烧。
医生：是吗。请张一下嘴。
　　　…………………………………………
医生：是感冒。好好休息两三天。
松本：嗯……。可是从明天起得去东京出差。
医生：那今天把药吃了后早点儿休息吧。
松本：好的。
医生：还有，今天晚上不要泡澡。
松本：好，明白了。
医生：那请多保重。
松本：谢谢。

III. 参考词汇与信息

体・病気　　身体・疾病

どう しましたか。	怎么啦？
頭が 痛い	头疼
おなかが 痛い	肚子疼
歯が 痛い	牙疼
熱が あります	发烧
せきが 出ます	咳嗽
鼻水が 出ます	流鼻涕
血が 出ます	流血
吐き気が します	恶心
寒気が します	发冷
めまいが します	头晕
下痢を します	拉肚子
便秘を します	便秘
けがを します	受伤
やけどを します	烧伤、烫伤
食欲が ありません	没食欲
肩が こります	肩酸
体が だるい	浑身无力
かゆい	痒

身体部位图标注：かお、あたま、め、はな、くち、あご、のど、かみ、みみ、くび、むね、かた、うで、せなか、こし、しり、ゆび、て、ひじ、つめ、ひざ、おなか、ほね、あし

かぜ	感冒
インフルエンザ	流感
盲腸	盲肠炎
ぎっくり腰	腰部扭伤
ねんざ	挫伤
骨折	骨折
二日酔い	宿醉

IV. 语法解释

1. 动词ない形

接续「ない」的动词活用形（例如：「かかない」的「かか」）叫做ない形。从ます形变为ない形的方法如下所示，根据动词的各个类型而异。（参考本册第17课练习A1）

1) Ⅰ类动词

ます形的最后音节为い段时，则将い段变为あ段。但是ます形的最后音节是母音「い」的动词（例如：「かいます」「あいます」）时，不是变成「あ」，而是「わ」。

かき－ます　→　かか－ない　　　いそぎ－ます　→　いそが－ない
よみ－ます　→　よま－ない　　　あそび－ます　→　あそば－ない
とり－ます　→　とら－ない　　　まち－ます　→　また－ない
すい－ます　→　すわ－ない　　　はなし－ます　→　はなさ－ない

2) Ⅱ类动词

和ます形的变化一样。

たべ－ます　→　たべ－ない
み－ます　→　み－ない

3) Ⅲ类动词

べんきょうし－ます　→　べんきょうし－ない
し－ます　→　し－ない
き－ます　→　こ－ない

2. 动词ない形ないで ください　　请不要……

这一句型用于请求、命令对方不要那样做时。

① ここで 写真を 撮らないで ください。
请不要在这里照相。

另外，也可以用于表示客气，告诉对方没有这样做的必要。

② わたしは 元気ですから、心配しないで ください。
我身体很好，不用担心。

3. 动词ない形なければ なりません　　必须……

这一句型表示必须要做的事情。要注意这并不是否定句。

③ 薬を 飲まなければ なりません。　　必须吃药。

4. 动词ない形なくても いいです　　不……也行

这一句型表示没有必要做的事情。

④ あした 来なくても いいです。　　　　明天你不来也可以。

5. 宾语的主题化

在句子中把「名词を动词」的名词（直接宾语）作为主题提示时，要去掉助词「を」，换用助词「は」，将其放在句首。

　　ここに 荷物を 置かないで ください。　　请不要把行李放在这里。
　　荷物をは ここに 置かないで ください。
⑤ 荷物は ここに 置かないで ください。　　行李请不要放在这里。
　　会社の 食堂で 昼ごはんを 食べます。
　　在公司食堂吃午饭。
　　昼ごはんをは 会社の 食堂で 食べます。
⑥ 昼ごはんは 会社の 食堂で 食べます。
　　午饭在公司食堂吃。

6. 名词(时间)までに 动词

表示动作、事情的期限。

⑦ 会議は 5時までに 終わります。　　　　会议在5点之前结束。
⑧ 土曜日までに 本を 返さなければ なりません。
　　必须在星期六之前把书还了。

［注］在第4课学习的助词「まで」是表示持续进行的动作的终点。因为形态比较相似，所以注意不要混淆。

⑨ 5時まで 働きます。　　　　　　　　　工作到5点。

第18课

I. 单词

できますⅡ		能、会、可以
あらいますⅠ	洗います	洗
ひきますⅠ	弾きます	弹（钢琴等）
うたいますⅠ	歌います	唱
あつめますⅡ	集めます	收集、收藏
すてますⅡ	捨てます	丢弃、扔
かえますⅡ	換えます	换
うんてんしますⅢ	運転します	开车
よやくしますⅢ	予約します	预订
ピアノ		钢琴
－メートル		－米
げんきん	現金	现金
しゅみ	趣味	爱好
にっき	日記	日记
おいのり	お祈り	祈愿、祈祷（～を します：祝愿）
かちょう	課長	科长
ぶちょう	部長	部长
しゃちょう*	社長	社长、总经理
どうぶつ	動物	动物
うま	馬	马
インターネット		因特网

〈会話〉

特(とく)に	特别
へえ	嘿（用于表示钦佩、惊讶时）
それは おもしろいですね。	那很有意思啊。
なかなか	（不）轻易、（不）容易、（不）简单、（后接否定）
ほんとうですか。	真的吗？
ぜひ	一定

故郷(ふるさと)	故乡（歌名）
ビートルズ	披头士乐队（英国著名的乐队）
秋葉原(あきはばら)	秋叶原（东京的街名）

II. 翻译

句型
1. 米勒会读汉字。
2. 我的爱好是看电影。
3. 睡觉之前记日记。

例句
1. 你会开车吗？
   ……会，会开。
2. 玛丽亚会骑自行车吗？
   ……不，不会。
3. 大阪城可以参观到几点？
   ……到5点。
4. 可以用信用卡付款吗？
   ……对不起，请付现金。
5. 你的爱好是什么？
   ……收藏旧钟表。
6. 日本的孩子在入学之前必须先学会平假名吗？
   ……不，不会也行。
7. 请在饭前把这药吃了。
   ……好，知道了。
8. 什么时候结的婚？
   ……三年前结的。

会话

爱好是什么？

山田：桑托斯的爱好是什么？
桑托斯：摄影。
山田：拍什么样的照片？
桑托斯：动物的照片。特别喜欢马。
山田：欸，那倒是挺有意思的啊。
   来日本之后，拍过马的照片吗？
桑托斯：没有。
   在日本很难看到马。
山田：北海道有很多马呢。
桑托斯：真的吗？
   那暑假一定要去一趟。

III. 参考词汇与信息

動き　动作

飛ぶ　飞	跳ぶ　跳	登る　登、上	走る　跑
泳ぐ　游	もぐる　潜入	飛び込む　跳进	逆立ちする　倒立
はう　爬	ける　踢	振る　挥动	持ち上げる　拿起
投げる　投	たたく　敲	引く　拉	押す　推、按
曲げる　弯曲	伸ばす　伸展	転ぶ　跌倒	振り向く　回头

18

IV. 语法解释

1. 动词字典形

这是动词的基本形，是在字典中表示的形态。从ます形变为字典形的方法如下所示，根据动词的各个类型而不同。（参考本册第18课练习A1）

1) Ⅰ类动词

ます形的最后音节为い段时，则将い段变为う段。

かき—ます	→	かく	いそぎ—ます	→	いそぐ
よみ—ます	→	よむ	あそび—ます	→	あそぶ
とり—ます	→	とる	まち—ます	→	まつ
すい—ます	→	すう	はなし—ます	→	はなす

2) Ⅱ类动词

ます形加「る」。

たべ—ます → たべる
み—ます → みる

3) Ⅲ类动词

「します」的字典形是「する」，「きます」的字典形是「くる」。

2. $\left.\begin{array}{l}\text{名词}\\\text{动词字典形 こと}\end{array}\right\}$ が できます　　能……、会……、可以……

「できます」是表示能力和可能的动词，用以表示某个人所具有的能力能够做某件事情，或当时的情况可以进行某种行为。「できます」的宾语用「が」提示，有能力做和可以进行的行为内容用名词或动词字典形加「こと」来表示。

1) 名词时

可以用动作性名词（うんてん、かいもの、スキー、ダンス）。还可以使用像「にほんご」「ピアノ」这样表示技能的名词。

① ミラーさんは 日本語が できます。
　　米勒会日语。
② 雪が たくさん 降りましたから、ことしは スキーが できます。
　　下了很多雪，今年可以去滑雪。

2) 动词时

在叙述能够进行某一行为时，在动词字典形的后面加上「こと」，使其变为名词句，然后再接「が できます」。

③ ミラーさんは 漢字を 読む ことが できます。　　米勒会念汉字。
　　　　　　　　（名词句）
④ カードで 払う ことが できます。　　可以用信用卡付款。
　　　　（名词句）

3. $\boxed{わたしの 趣味は \begin{Bmatrix} 名詞 \\ 动词字典形 \ こと \end{Bmatrix} です}$ 　我的爱好是……

⑤　わたしの 趣味は 音楽です。　　　　我的爱好是音乐。

使用「动词字典形 こと」可以把兴趣的内容更为具体地表现出来。

⑥　わたしの 趣味は 音楽を 聞く ことです。　我的爱好是听音乐。

4. $\boxed{\begin{matrix} 动词_1字典形 \\ 名詞の \\ 数量词（期间） \end{matrix} \Bigg\} まえに、动词_2}$ 　……之前……

1) 动词时

表示动词₂发生在动词₁之前。要注意句子的时态（动词₂的时态）表示不论是过去还是非过去，动词₁都使用字典形。

⑦　日本へ 来る まえに、日本語を 勉強しました。

　　我来日本之前学了日语。

⑧　寝る まえに、本を 読みます。　　　我睡觉前看书。

2) 名词时

在名词之后加「の」连接。可用动作性名词

⑨　食事の まえに、手を 洗います。　　吃饭之前要洗手。

3) 数量词（期间）时

注意数量词（期间）之后不加「の」

⑩　田中さんは 1時間まえに、出かけました。田中1小时之前出去了。

5. なかなか

「なかなか」的后面接续否定的表现，表示"不能轻易达成""不能像所期待的那样"之意。

⑪　日本では なかなか 馬を 見る ことが できません。

　　　　在日本很难看到马。

[注] 例句⑪（参考本册第18课会话）是将「にほんで」作为主题的句子。像这样把带有「で」的名词作为主题时，用名词「では」的形式。（将带有「が」和「を」以外的助词的用语作为主题时，请参考"专栏1："。）

6. ぜひ

与表示说话人愿望的语句一起使用，起加强语气的作用。

⑫　ぜひ 北海道へ 行きたいです。　　　一定要去北海道。

⑬　ぜひ 遊びに 来て ください。　　　请一定来玩儿。

第19课

I. 单词

のぼりますⅠ	登ります、上ります	登、上
とまりますⅠ	泊まります	住［饭店］
［ホテルに～］		
そうじしますⅢ	掃除します	打扫
せんたくしますⅢ	洗濯します	洗衣服
なりますⅠ		变成、成为
ねむい	眠い	困
つよい	強い	强
よわい*	弱い	弱
れんしゅう	練習	练习（～[を]します：作练习）
ゴルフ		高尔夫（～を します：打高尔夫）
すもう	相撲	相扑（～を します：相扑）
おちゃ	お茶	茶
ひ	日	日、日子
ちょうし	調子	情形、状况
いちど	一度	一次
いちども	一度も	一次也（后接否定）
だんだん		渐渐
もうすぐ		马上、就要
おかげさまで		托您的福（用于在得到支援或热情对待后表示感谢时）
でも		不过

〈会話〉

乾杯（かんぱい）	干杯
ダイエット	减肥（～を します：进行减肥）
無理[な]（むり）	勉强
体（からだ）に いい	对身体好

....

東京（とうきょう）スカイツリー	晴空塔（位于东京的有眺望台的电波塔）
葛飾北斎（かつしかほくさい）	葛饰北斋（1760–1849，有名的江户时代浮世绘画家）

II. 翻译

句型
1. 我看过相扑。
2. 放假的日子打打网球,散散步什么的。
3. 这以后就会渐渐热起来了。

例句
1. 你去过北海道吗?
   ……嗯,去过一次。两年前和朋友一起去的。
2. 你骑过马吗?
   ……没有,一次也没骑过。很想骑一次。
3. 寒假你做什么了?
   ……去京都参观了寺庙和神社,还和朋友一起开了晚会。
4. 在日本,想做些什么?
   ……想去旅行,也想学学茶道什么的。
5. 你的身体情况怎么样?
   ……托您的福,好多了。
6. 你日语进步很快啊。
   ……谢谢。不过,还差得远。
7. 特蕾莎想当什么?
   ……我想当医生。

会话
减肥从明天开始

大家: 干杯!
　　　　………………………………………………
松本良子:玛丽亚,你没怎么吃呀。
玛丽亚: 嗯,因为我从昨天开始在减肥。
松本良子:是吗,我也减过肥。
玛丽亚: 怎么减肥的?
松本良子:每天只吃苹果,多喝水什么的。
　　　　不过,太勉强的减肥对身体可不好啊。
玛丽亚: 是啊。
松本良子:玛丽亚,这冰激凌可好吃啦。
玛丽亚: 是吗?
　　　　……。减肥从明天再开始吧。

III. 参考词汇与信息

伝統文化・娯楽（でんとうぶんか・ごらく）　传统文化与娱乐

茶道（さどう）　茶道（お茶／おちゃ）	華道（かどう）　花道、插花（生け花／いけばな）	書道（しょどう）　书法
歌舞伎（かぶき）　歌舞伎	能（のう）　能乐	文楽（ぶんらく）　木偶净琉璃
相撲（すもう）　相扑	柔道（じゅうどう）　柔道	剣道（けんどう）　剑道
空手（からて）　空手道	漫才・落語（まんざい・らくご）　相声	囲碁・将棋（いご・しょうぎ）　围棋・象棋
パチンコ　弹子球	カラオケ　卡拉OK	盆踊り（ぼんおどり）　盂兰盆舞会

IV. 语法解释

1. 动词た形

以「た」或「だ」结束的动词活用形叫做た形。た形的作成方法是把て形的「て」「で」变为「た」「だ」。(参考本册第19课练习A1)

  て形　→　た形
  かいて　→　かいた
  のんで　→　のんだ
  たべて　→　たべた
  　きて　→　　きた
  　して　→　　した

2. 动词た形 ことが あります　……过

把过去发生过的事情作为经历讲述时的表达方法。
① 馬に 乗った ことが あります。　　我骑过马。
注意在只是讲述过去某个时间做了某件事这一单纯的事实时使用过去形。
② 去年 北海道で 馬に 乗りました。　我去年在北海道骑马了。

3. 动词₁た形り、动词₂た形り します　又……又……

选择几个（两个以上）具有代表性的名词加以列举时用助词「や」，选择几个具有代表性的动作加以叙述时用这一句型。时态在句尾表示。
③ 日曜日は テニスを したり、映画を 見たり します。
　　星期天打打网球，看看电影。
④ 日曜日は テニスを したり、映画を 見たり しました。
　　星期天打了网球，看了电影。
[注] 要注意这与在第16课学过的「动词₁て形、[动词₂て形、]动词₃」的用法不同。「动词₁て形、[动词₂て形、]动词₃」是按顺序叙述先后发生的两个以上的连续动作。
⑤ 日曜日は テニスを して、映画を 見ました。
　　星期天打了网球后，去看了场电影。
但是「动词₁た形り、动词₂た形り します」所列举的动作之间，没有时间先后的关系。因为列举的是具有代表性的动作，所以这一句型用于叙述每天一定要发生的事情（早上起床、吃饭、晚上睡觉）会让人觉得不自然。

4.
$$\left.\begin{array}{l}\text{い形容词}(\sim\cancel{\text{い}}) \rightarrow \sim く \\ \text{な形容词}[\cancel{\text{な}}] \rightarrow \sim に \\ \text{名词に}\end{array}\right\}\text{なります}\quad \text{变成……}$$

「なります」表示状态的变化。

⑥ 寒い → 寒く なります　　变冷
⑦ 元気[な] → 元気に なります　　恢复健康
⑧ 25歳 → 25歳に なります　到25岁

第20课

I. 单词

いります I ［ビザが～］	要ります	要［签证］
しらべます II	調べます	查、调查
しゅうりします III	修理します	修理
ぼく	僕	我（男子用语，「わたし」的俗语）
きみ*	君	你（「あなた」的俗语，用于同辈、部下、晚辈）
～くん	～君	～君（「さん」的俗语，用于同辈、部下、晚辈，有时在叫男孩名字时使用）
うん		嗯（「はい」的俗语）
ううん		不（「いいえ」的俗语）
ことば		词汇、单词
きもの	着物	和服（传统的日本服装）
ビザ		签证
はじめ	初め	开始
おわり	終わり	结束
こっち*		这边（「こちら」的俗语）
そっち		那边（离听话人近的场所，「そちら」的俗语）
あっち*		那边（离说话人、听话人都远的场所，「あちら」的俗语）
どっち		哪一个（用于从两个中间选择一个时）、哪边（「どちら」的俗语）
みんなで		大家一起
～けど		～，但是（「が」的通俗说法）
おなかが いっぱいです		肚子饱了

〈会話〉
よかったら　　　　　　　　　　如果你觉得可以的话～
いろいろ　　　　　　　　　　　各种各样

II. 翻译

句型
1. 桑托斯没来参加晚会。
2. 东京人很多。
3. 冲绳的海非常美。
4. 今天是我的生日。

例句
1. 吃冰激凌吗？
   ……嗯，吃。
2. 那儿有剪刀吗？
   ……没，没有。
3. 昨天见到木村了吗？
   ……没，没见到。
4. 那咖喱好吃吗？
   ……嗯，有点儿辣，不过很好吃。
5. 明天大家一起去京都好吗？
   ……嗯，好啊。
6. 你想吃什么？
   ……现在肚子很饱，什么也不想吃。
7. 现在有空儿吗？
   ……嗯，有空儿，有事吗？
   来帮我一下。
8. 带字典了吗？
   ……没，没带。

会话

一起去好吗？

小林：暑假回国吗？
瓦朋：嗯，想回去，不过……
小林：是吗。
　　　瓦朋你爬过富士山吗？
瓦朋：没爬过。
小林：那，如果你愿意，一起去好吗？
瓦朋：嗯，什么时候？
小林：8月初怎么样？
瓦朋：好啊。
小林：那我把各方面都查好了之后再打电话给你。
瓦朋：谢谢。那我就等着了。

III. 参考词汇与信息

人の 呼び方　称呼

"太郎、花子！"
お兄ちゃん　お姉ちゃん！
はーい

"孩子他爸，今天是太郎的生日啊。"
12歳
パパ、きょうは 太郎の 誕生日よ。
ああ！そうか。

在家里一般喜欢按最小的孩子的叫法来互相称呼。比如，父母叫最上边的孩子「おにいちゃん」（哥哥）、「おねえちゃん」（姐姐）。也就是随着他们下面的弟弟妹妹来叫的。另外，父母在孩子面前说话时，丈夫叫妻子「おかあさん」或「ママ」（妈妈），妻子叫丈夫「おとうさん」或「パパ」（爸爸）。不过，这种习惯这些年来也正在慢慢地改变。

"部长，请您签一下字"
部長、サイン お願いします。

"先生，它很适合您"
お客様、よく お似合いですよ。

"大夫，我肚子疼"
先生、おなかが 痛いんです。

在社会上，有按在所属团体中担任的职务相称的倾向。比如，在工作上，部下以职衔称呼上司。在商店，以「おきゃくさま」（先生、女士）来称呼顾客。医生被病人叫做「せんせい」（大夫）。

IV. 语法解释

1. 敬体和简体

日语的文体分为敬体和简体两种。

敬体	简体
あした 東京へ 行きます。 明天去东京。	あした 東京へ 行く。 明天去东京。
毎日 忙しいです。 每天都很忙。	毎日 忙しい。 每天都很忙。
相撲が 好きです。 喜欢相扑。	相撲が 好きだ。 喜欢相扑。
富士山に 登りたいです。 想去登富士山。	富士山に 登りたい。 想去登富士山。
ドイツへ 行った ことが ありません。 没去过德国。	ドイツへ 行った ことが ない。 没去过德国。

敬体句子中使用的带有「です、ます」的形式叫做礼貌形，简体句子中使用的形式叫做普通形。（参考本册第20课练习A1）

2. 敬体和简体的区别

1) 会话

对初次见面的人、上司、长辈或同辈但并不很熟悉的人使用敬体。相反，对比较亲密的朋友、同事以及家里人使用简体。

弄错了使用简体的对象是很不礼貌的，所以要注意对方是否是可以使用简体的人。

2) 书写时

书信一般多使用敬体。论文、报告、日记等使用简体。

3. 简体的会话

1) 简体的疑问句一般不在句尾加「か」，而是像「のむ(↗)」「のんだ(↗)」这样用升调来发问。

① コーヒーを 飲む？(↗)　　　喝咖啡吗？
　……うん、飲む。(↘)　　　……嗯，喝。

2) 在名词以及な形容词的疑问句中可以省略「です」的简体「だ」。在做肯定回答时，用「だ」的话，会给人很生硬的感觉，所以为了缓和语气，会省略「だ」或加上终助词。

② 今晩 暇？　　　　　　　　　　　今晚有空儿吗？
……うん、暇／暇だ／暇だよ。　　……嗯，有空儿。（男性用）
……うん、暇／暇よ／暇だよ。　　……嗯，有空儿。（女性用）
……ううん、暇じゃ ない。　　　　……不，没空儿。

3) 简体句中从前后的关系可以明白意思时多省略助词。

③ ごはん[を] 食べる？　　　　　　吃饭吗？
④ あした 京都[へ] 行かない？　　　明天去京都好吗？
⑤ この りんご[は] おいしいね。　　这苹果很好吃。
⑥ そこに はさみ[が] ある？　　　　那里有剪刀吗？

但是，「で」「に」「から」「まで」「と」等助词一旦省略，会使句意不清，所以不能省略。

4) 简体句中，「动词て形 いる」的「い」也常常省略。

⑦ 辞書、持って [い]る？　　　　　带字典了吗？
……うん、持って [い]る。　　　　……嗯，带着呢。
……ううん、持って [い]ない。　　……没，没带着。

5) けど

「けど」与「が」有着同样的功能，在会话中经常使用。

⑧ その カレー[は] おいしい？　　　那种咖喱好吃吗？
……うん、辛いけど、おいしい。　　……嗯，有点儿辣，不过很好吃。
⑨ 相撲の チケット[が] あるけど、いっしょに 行かない？
有相扑比赛的票，一起去好吗？
……いいね。　　　　　　　　　　　……好啊。

第 21 课

I. 单词

おもいますI	思います	想、觉得
いいますI	言います	说、讲
かちますI	勝ちます	赢
まけますII*	負けます	输
ありますI		举办、有［节庆活动］
［おまつりが～］	［お祭りが～］	
やくに たちますI	役に 立ちます	有用、起作用
うごきますI	動きます	转动、动
やめますII		［跟公司］辞职、退休、戒（烟、酒）
［かいしゃを～］	［会社を～］	
きを つけますII	気を つけます	小心、注意
りゅうがくしますIII	留学します	留学
むだ［な］		浪费
ふべん［な］	不便［な］	不方便
すごい		厉害（用于表示惊讶和感叹时）
ほんとう		真的
うそ*		假话
じどうしゃ	自動車	汽车
こうつう	交通	交通
ぶっか	物価	物价
ほうそう	放送	广播
ニュース		新闻
アニメ		动漫
マンガ		漫画
デザイン		设计
ゆめ	夢	梦、理想
てんさい	天才	天才
しあい	試合	比赛（～を します：比赛）

いけん	意見	意见	
はなし	話	话、谈话（～を します：说话）	
ちきゅう	地球	地球	
つき	月	月亮	
さいきん	最近	最近	
たぶん		大概、也许	
きっと		一定、必定	
ほんとうに		真的	
そんなに		没那么（后接否定）	
～に ついて		关于～	

〈会話〉

久しぶりですね。	好久不见。
～でも 飲みませんか。	喝点儿～什么吗？
もちろん	当然
もう 帰らないと……。	该回去了……。

アインシュタイン	爱斯坦因（1879-1955）
ガガーリン	尤力・加加林（1934-1968）
ガリレオ	加利欧・伽唎略（1564-1642）
キング牧師	马丁・路德・金（1929-1968）
フランクリン	本杰明・佛林克林（1706-1790）
かぐや姫	赫夜姬（日本传说《竹取物语》中的主人公）
天神祭	天神祭（大阪的庙会）
吉野山	吉野山（位于奈良的山）
カンガルー	袋鼠
キャプテン・クック	库克船长（1728-1779）
ヨーネン	（虚构的公司）

II. 翻译

句型
1. 我想明天会下雨。
2. 我对父亲说了想去留学。
3. 累了吧？

例句
1. 米勒在哪儿？
   ……我想他可能已经回去了。
2. 米勒知道这个消息吗？
   ……我想他可能不知道。
3. 工作和家庭哪个更重要？
   ……我觉得都重要。
4. 你觉得日本的物价怎么样？
   ……我觉得物价很高。
5. 吃饭前做祈祷吗？
   ……不，不做。而是说："我吃啦"。
6. 赫夜姬说到"我得回到月亮上去了"。
   于是，她就朝着月亮飞回去了。完了。
   ……完了？妈妈，我也想到月亮上去。
7. 你在会上提了什么意见吗？
   ……是的。我说了不必要的复印太多了。
8. 7月在京都有节庆活动吧？
   ……对，有。

会话

我也这么认为

松本： 啊，桑托斯，好久不见了。
桑托斯：啊，松本，你好吗？
松本： 哎，一起去喝杯啤酒好吗？
桑托斯：好啊。
　　　　……………………………………………
桑托斯：今天晚上10点开始有日本队和巴西队的足球比赛吧。
松本： 啊，对了。
　　　　桑托斯你认为哪方会赢？
桑托斯：当然是巴西队了。
松本： 是啊。不过最近日本队也厉害起来了。
桑托斯：对，我也这么认为。不过……。
　　　　啊，该回去了……。
松本： 好，那回去吧。

III. 参考词汇与信息

役職名（やくしょくめい） 职衔

国（くに）	国家	→	首相（しゅしょう）（内閣総理大臣（ないかくそうりだいじん））	首相（内阁总理大臣）
都道府県（とどうふけん）	都道府县	→	知事（ちじ）	知事
市（し）	市	→	市長（しちょう）	市长
町（まち）	町	→	町長（ちょうちょう）	町长
村（むら）	村	→	村長（そんちょう）	村长

大学（だいがく）	大学	→	学長（がくちょう）	校长
高等学校（こうとうがっこう）	高中			
中学校（ちゅうがっこう）	初中	→	校長（こうちょう）	校长
小学校（しょうがっこう）	小学			
幼稚園（ようちえん）	幼儿园	→	園長（えんちょう）	园长

会社（かいしゃ）	公司
会長（かいちょう）	会长
社長（しゃちょう）	社长、总经理
重役（じゅうやく）	董事
部長（ぶちょう）	部长
課長（かちょう）	科长

銀行（ぎんこう）	银行
頭取（とうどり）	行长
支店長（してんちょう）	分行行长

駅（えき）	车站
駅長（えきちょう）	站长

病院（びょういん）	医院
院長（いんちょう）	院长
部長（ぶちょう）	部长
看護師長（かんごしちょう）	护士长

警察（けいさつ）	警察
署長（しょちょう）	警察局长

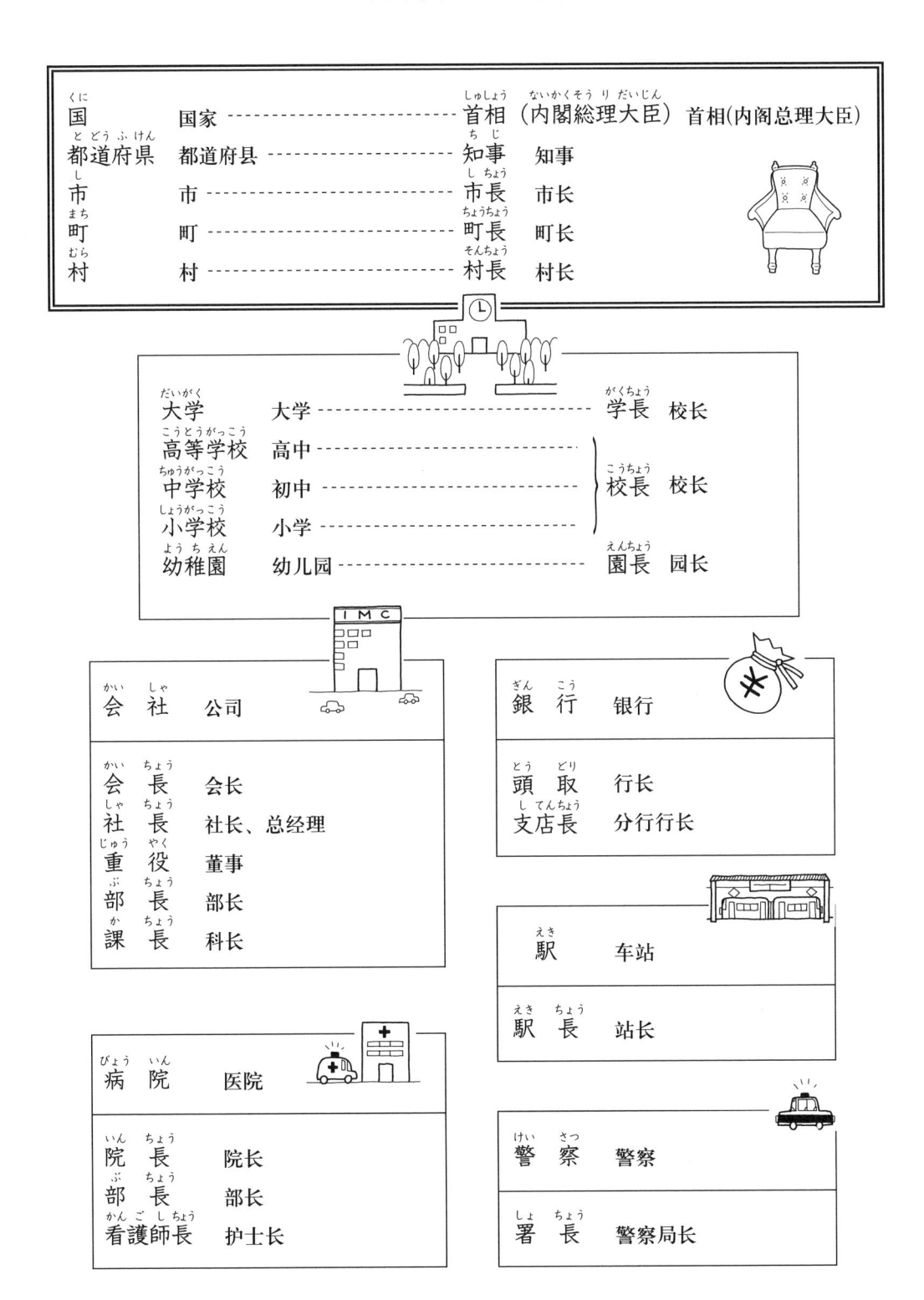

IV. 语法解释

1. 普通形と 思います　　我想……

思考、判断的内容用助词「と」来表示。这一句型有以下几种用法。

1) 表示推量

① あした 雨が 降ると 思います。　　我想明天会下雨。

② テレーザちゃんは もう 寝たと 思います。
　　我想特蕾莎已经睡了。

推量的内容是否定时，把「と」前面的句子变为否定形。

③ ミラーさんは この ニュースを 知って いますか。
　　……いいえ、知らないと 思います。
　　米勒知道这个消息吗？
　　……不，我想他不知道。

2) 阐述意见时

④ 日本は 物価が 高いと 思います。　　我觉得日本物价很高。

在征询对某一事物的意见时，用「～について どう おもいますか」，在「どう」的后面不要「と」。

⑤ 新しい 空港に ついて どう 思いますか。
　　……きれいですが、ちょっと 交通が 不便だと 思います。
　　你觉得新机场怎么样？
　　……很漂亮，不过，交通不太方便。

在对他人的意见表示同意或不同意时像下面这样表达。

⑥ ケータイは 便利ですね。　　我觉得手机很方便。
　　……わたしも そう 思います。　　……我也觉得。

2. "句子"
　　普通形 ｝と 言います　　说……

说话的内容用「と」表示。其方法有两个。

1) 直接引用时，把引用的话照搬过来说就可以了。写的时候，把引用的话原封不动地放进「 」中表示。

⑦ 寝る まえに、「お休みなさい」と 言います。
　　睡觉之前说"晚安"。

⑧ ミラーさんは「来週 東京へ 出張します」と 言いました。
　　米勒说："下周去东京出差"。

2) 引用的人把引用的内容加以概括之后再说时，在「と」的前面使用普通形。

⑨ ミラーさんは 東京へ 出張すると 言いました。
　　米勒说他下星期去东京出差。

引用部分的时态不受主句时态的影响。

另外，讲话内容涉及的对方用助词「に」来表示。

⑩ 父に 留学したいと 言いました。
我对父亲说了想去留学。

3.
动词	普通形	
い形容词	普通形	でしょう？
な形容词	普通形	
名词	〜だ	

……吧？

用于为求得听话人同意，进行询问或确认时。「でしょう」用升调。
「でしょう」的前面是普通形，但な形容词和名词时使用去掉「〜だ」的形式。

⑪ あした パーティーに 行くでしょう？
明天你要去参加晚会吧？
……ええ、行きます。　　　　　　……对，要去。

⑫ 北海道は 寒かったでしょう？　　北海道很冷吧？
……いいえ、そんなに 寒くなかったです。
……不，没那么冷。

4. 名词₁(场所)で 名词₂が あります

名词₂表示的是晚会，音乐会、节庆活动、事件、灾害等庆典活动或事件、变故时，「あります」表示举行、发生的意思。

⑬ 東京で 日本と ブラジルの サッカーの 試合が あります。
在东京举行日本和巴西的足球比赛。

5. 名词(场面)で

举行什么的场面用「で」表示。

⑭ 会議で 何か 意見を 言いましたか。　你在会上提了什么意见吗？

6. 名词でも 动词

劝诱或建议什么以及讲述希望时，提出例示但并不限定于此一项时，用助词「でも」。

⑮ ちょっと ビールでも 飲みませんか。　喝点儿啤酒什么的吗？

7. 动词ない形ないと……

是句型「动词ない形ないと いけません」(参考第17课)省略了「いけません」的形态。「动词ない形ないと いけません」与在第17课学过的「动词ない形なければ なりません」的意思大致相同。

⑯ もう 帰らないと……。　　　　　再不回去就……

第22课

I. 单词

きますⅡ	着ます	穿（衬衫等）
はきますⅠ		穿（鞋子、裤子等）
かぶりますⅠ		戴（帽子等）
かけますⅡ		戴［眼镜］
［めがねを～］	［眼鏡を～］	
しますⅢ		系［领带］
［ネクタイを～］		
うまれますⅡ	生まれます	出生
わたしたち		我们
コート		大衣
セーター		毛衣
スーツ*		套装
ぼうし	帽子	帽子
めがね	眼鏡	眼镜
ケーキ		蛋糕
［お］べんとう	［お］弁当	盒饭
ロボット		机器人
ユーモア		幽默
つごう	都合	方便、凑巧
よく		经常

〈練習C〉

えーと	那个…（用于思考时）
おめでとう［ございます］。	祝你～快乐。（生日、结婚、过年等时用）

〈会話〉

お探しですか。	您在找～吗?
では	那么
こちら	这（「これ」的礼貌用语）
家賃	房租
ダイニングキッチン	带餐厅的厨房
和室	日本式房间
押し入れ	壁橱
布団	被褥

パリ	巴黎
万里の長城	万里长城
みんなの アンケート	（虚构的问卷调查题目）

II. 翻译

句型
1. 这是米勒做的蛋糕。
2. 在那边的人是米勒。
3. 我忘了昨天学过的单词。
4. 没有去购物的时间。

例句
1. 这是在万里长城拍的相片。
   ……是吗，真不错啊。
2. 卡莉娜画的画儿是哪一张？
   ……那张。那张大海的画。
3. 那位穿着和服的人是谁？
   ……是木村。
4. 山田，你第一次和你太太见面是在哪儿？
   ……大阪城。
5. 你和木村一起去听的演唱会怎么样？
   ……非常棒。
6. 怎么啦？
   ……昨天买的伞丢了。
7. 你想要什么样的房子？
   ……想要有个大院子的房子。
8. 星期天去看足球好吗？
   ……对不起，星期天约好了要去见朋友。

会话

要找什么样的房子？

房地产老板：您要找什么样的房子？
王：　　　　嗯……
　　　　　　最好是房租8万日元左右，离车站不太远的地方。
房地产老板：那，这间怎么样？
　　　　　　离车站走路10分钟，房租83,000日元。
王：　　　　有个兼做餐厅的厨房和一个日式房间……。
　　　　　　对不起，这里是什么？
房地产老板：是壁橱。放被褥的地方。
王：　　　　是吗。
　　　　　　这个房子，今天能看一下吗？
房地产老板：可以。现在就去吧。
王：　　　　好，那就麻烦你了。

III. 参考词汇与信息

衣服　服装

スーツ 套装	ワンピース 连衣裙	上着(うわぎ) 上衣	ズボン／パンツ 长裤 ジーンズ 牛仔裤
スカート 裙子	ブラウス 女式衬衫	ワイシャツ 男式衬衫	セーター 毛衣
マフラー　围巾 手袋(てぶくろ)　手套	下着(したぎ) 内衣	くつした　袜子 （パンティー） ストッキング 连裤袜	着物(きもの)　和服 帯(おび) 腰带
（オーバー）コート 大衣 レインコート 雨衣	ネクタイ　领带 ベルト　皮带	ハイヒール 高跟鞋 ブーツ 长筒靴 運動靴(うんどうぐつ) 运动鞋	ぞうり　たび 木屐　布袜

IV. 语法解释

1. 名词修饰句节

在第2课和第8课已经学习了修饰名词的方法。

　　　　ミラーさんの うち　　　　　米勒的家（第2课）
　　　　新しい うち　　　　　　　　新的房子（第8课）
　　　　きれいな うち　　　　　　　漂亮的房子（第8课）

用作修饰的词汇或句节等放在被修饰的名词之前。在本课中我们学习用句节来修饰名词。

1) 用作修饰名词的句节中的动词、形容词和名词为普通形。な形容词时为「～な」，名词时为「～の」。

① 京都へ ┌ 行く 人　　　　　去京都的人
　　　　├ 行かない 人　　　　不去京都的人
　　　　├ 行った 人　　　　　去了京都的人
　　　　└ 行かなかった 人　　没去京都的人

　　背が 高くて、髪が 黒い 人　　个子高，头发很黑的人
　　親切で、きれいな 人　　　　　既亲切又漂亮的人
　　65歳の 人　　　　　　　　　　65岁的人

2) 用作修饰名词的句节可以用于以下各种句型。

② これは ミラーさんが 住んで いた うちです。
　　这是米勒住过的房子。

③ ミラーさんが 住んで いた うちは 古いです。
　　米勒住过的房子很旧。

④ ミラーさんが 住んで いた うちを 買いました。
　　买下了米勒住过的房子。

⑤ わたしは ミラーさんが 住んで いた うちが 好きです。
　　我喜欢米勒住过的房子。

⑥ ミラーさんが 住んで いた うちに 猫が いました。
　　米勒住过的房子里有过一只猫。

⑦ ミラーさんが 住んで いた うちへ 行った ことが あります。
　　我去过米勒住过的房子。

3) 用作修饰名词的句节中的主语用「が」表示。
   ⑧ これは ミラーさんが 作った ケーキです。
      这是米勒做的蛋糕。
   ⑨ わたしは カリナさんが かいた 絵が 好きです。
      我喜欢卡莉娜画的画儿。
   ⑩ [あなたは] 彼が 生まれた 所を 知って いますか。
      你知道他出生的地方吗？

2. 动词字典形 時間／約束／用事

在表示做某件事的时间以及约定和事情的内容时，把这一动作变为字典形放在「じかん」「やくそく」「ようじ」等名词之前。
   ⑪ わたしは 朝ごはんを 食べる 時間が ありません。
      我没有吃早饭的时间。
   ⑫ わたしは 友達と 映画を 見る 約束が あります。
      我和朋友约好去看电影。
   ⑬ きょうは 市役所へ 行く 用事が あります。
      今天要去市政府办事。

3. 动词ます形ましょうか ……吧

在第14课作为说话人提出要为对方做什么时的表达方式，我们学习了这一句型。在本课的会话中，这一句型表示的是提议说话人和听话人一起去做某事。
   ⑭ この部屋、きょう 見る ことが できますか。　这个房子，今天能看一下吗？
      ……ええ。今から 行きましょうか。　　　　　……可以。现在就去吧。

第 23 课

I. 单词

ききます I [せんせいに～]	聞きます [先生に～]	问 [老师]
まわします I	回します	转
ひきます I	引きます	拉、拽
かえます II	変えます	改变
さわります I [ドアに～]	触ります	摸、碰 [到门]
でます II [おつりが～]	出ます [お釣りが～]	找 [零钱]
あるきます I	歩きます	走
わたります I [はしを～]	渡ります [橋を～]	过 [桥]
まがります I [みぎへ～]	曲がります [右へ～]	[往右] 拐、转弯
さびしい	寂しい	寂寞
[お]ゆ	[お]湯	热水
おと	音	声音
サイズ		号码、尺寸
こしょう	故障	故障（します：出故障）
みち	道	道路
こうさてん	交差点	十字路口
しんごう	信号	红绿灯
かど	角	拐角、路口
はし	橋	桥
ちゅうしゃじょう	駐車場	停车场
たてもの	建物	建筑物
なんかいも	何回も	多次、好几次
－め	－目	第－（指顺序）

<ruby>聖徳太子<rt>しょうとくたいし</rt></ruby>　　　　　　　　　圣德太子（574-622）
<ruby>法隆寺<rt>ほうりゅうじ</rt></ruby>　　　　　　　　　法隆寺（公元7世纪初，圣德太子下
　　　　　　　　　　　　　　令修建的位于奈良的寺庙）

<ruby>元気茶<rt>げんきちゃ</rt></ruby>　　　　　　　　　（虚构的茶）
<ruby>本田駅<rt>ほんだえき</rt></ruby>　　　　　　　　　（虚构的车站）
<ruby>図書館前<rt>としょかんまえ</rt></ruby>　　　　　　　（虚构的公共汽车站）

II. 翻译

句型
1. 在图书馆借书时，需要借书卡。
2. 一按这个按钮，找的零钱就会出来。

例句
1. 你经常看电视吗？
   ……是的。有棒球比赛的时候会看。
2. 冰箱里什么都没有的时候怎么办？
   ……去附近的餐厅吃。
3. 离开会议室时关空调了吗？
   ……噢，关了。
4. 桑托斯在哪儿买衣服、鞋什么的？
   ……回国的时候买。因为日本的太小了。
5. 那是什么？
   ……是"健康茶"。身体不好时喝。
6. 有空儿时，来我家玩儿好吗？
   ……好。谢谢。
7. 上学时，打工了吗？
   ……嗯，有时候去打。
8. 开水不出来。
   ……一按那儿，开水就会出来。
9. 请问，市政府在哪儿？
   ……顺着这条路一直走，就在左边。是座旧楼。

会话

怎么走？

图书馆馆员：你好。这里是绿色图书馆。
卡莉娜　　：请问，去贵馆怎么走？
图书馆馆员：从本田站坐12路公共汽车，到图书馆前站下车。是第三站。
卡莉娜　　：是第三站，对吧？
图书馆馆员：对。一下车，前面有个公园，图书馆就是公园里那栋白楼。
卡莉娜　　：知道了。
　　　　　　还有，借书时需要什么？
图书馆馆员：来时请带上写有你姓名和地址的证件。
卡莉娜　　：好的。谢谢。

III. 参考词汇与信息

道路・交通　　道路・交通
（どうろ・こうつう）

① 歩道（ほどう）　　人行道
② 車道（しゃどう）　　车行道
③ 高速道路（こうそくどうろ）　　高速公路
④ 通り（とおり）　　马路
⑤ 交差点（こうさてん）　　十字路口
⑥ 横断歩道（おうだんほどう）　　人行横道
⑦ 歩道橋（ほどうきょう）　　过街桥
⑧ 角（かど）　　拐角
⑨ 信号（しんごう）　　红绿灯
⑩ 坂（さか）　　斜坡
⑪ 踏切（ふみきり）　　道口
⑫ ガソリンスタンド　　加油站

止まれ（とまれ）	進入禁止（しんにゅうきんし）	一方通行（いっぽうつうこう）	駐車禁止（ちゅうしゃきんし）	右折禁止（うせつきんし）
停车	禁止入内	单行线	禁止停车	禁止右转弯

IV. 语法解释

1.
| 动词字典形
动词ない形ない
い形容词(～い)
な形容词な
名词の | とき、～(主句) |

……时、……的时候

「とき」表示其后续主句所表示的状态、动作以及现象成立的时间。「とき」前面的形态与修饰名词时的形态相同。

① 図書館で 本を 借りる とき、カードが 要ります。
   在图书馆借书时，需要借书卡。
② 使い方が わからない とき、わたしに 聞いて ください。
   不知道使用方法时，请来问我。
③ 体の 調子が 悪い とき、「元気茶」を 飲みます。
   身体不好时，喝"健康茶"。
④ 暇な とき、うちへ 遊びに 来ませんか。
   有空儿的时候，来我家玩儿好吗？
⑤ 妻が 病気の とき、会社を 休みます。
   妻子生病的时候，跟公司请假。
⑥ 若い とき、あまり 勉強 しませんでした。
   年轻的时候，没怎么学习。
⑦ 子どもの とき、よく 川で 泳ぎました。
   小时候，常去河里游泳。

修饰「とき」的句节的时态不受主句时态的影响。

2.
| 动词字典形
动词た形 | とき、～(主句) |

……时、……的时候

「とき」前面的动词是字典形时，表示主句的动作先于句节「～とき」发生。
「とき」前面的动词是た形时，表示主句的动作后于句节「～とき」发生。

⑧ パリへ 行く とき、かばんを 買いました。
   去巴黎时，买了个提包。
⑨ パリへ 行った とき、かばんを 買いました。
   去巴黎时，在那儿买了个提包。

⑧买提包是在到巴黎之前，也就是说，表示的是在去巴黎途中的某个地方，而⑨买提包是在到达巴黎之后，也就是说，表示的是在巴黎买的。

3. 动词字典形と、～（主句）　　一……就……

「と」表示「と」之前的动作和事态一发生，在后面接续的主句中所表示的状态、动作、现象、事态就必然会跟着发生。

⑩　この ボタンを 押すと、お釣りが 出ます。
　　一按这个按钮，找的零钱就会出来。
⑪　これを 回すと、音が 大きく なります。
　　一转这个，声音就会变大。
⑫　右へ 曲がると、郵便局が あります。
　　往右一拐，就是邮局。

4. 名词が 形容词

在第14课学习了把自己五官（眼睛、耳朵等）所感的某种现象直接说出来或客观地传达某件事情时，主语用「が」表示。这不仅适用于动词句，而且也可以用于形容词句。

⑬　音が 小さいです。　　　　　　　声音很小。

5. 名词を 移动动词

可以和「さんぽします」「わたります」「あるきます」等移动动词一起使用的「を」表示人或物通过的场所。

⑭　公園を 散歩します。　　　　　在公园散步。（第13课）
⑮　道を 渡ります。　　　　　　　过马路。
⑯　交差点を 右へ 曲がります。　　在十字路口往右拐。

第 24 课

I. 单词

くれます II		给（我、我方）
なおします I	直します	修理、修改
つれて いきます I	連れて 行きます	领着去
つれて きます III *	連れて 来ます	领着来
おくります I [ひとを〜]	送ります [人を〜]	送［人］
しょうかいします III	紹介します	介绍
あんないします III	案内します	导游、领路
せつめいします III	説明します	说明、讲解
おじいさん／おじいちゃん		爷爷、姥爷
おばあさん／おばあちゃん		奶奶、姥姥
じゅんび	準備	准备（〜[を]します：作准备）
ひっこし	引っ越し	搬家（〜[を]します：搬家）
[お]かし	[お]菓子	点心
ホームステイ		（旅游或留学等时）寄宿在别人家里
ぜんぶ	全部	全部
じぶんで	自分で	自己来

〈会話〉

ほかに 另外

母の日 母亲节

II. 翻译

句型
1. 佐藤送我巧克力了。
2. 我请山田帮我改了报告。
3. 妈妈给我寄来了毛衣。
4. 我把书借给了木村。

例句
1. 太郎喜欢奶奶吗?
   ……嗯,喜欢。奶奶总给我点心吃。
2. 真好喝的葡萄酒啊。
   ……嗯,是佐藤送给我的。法国葡萄酒。
3. 米勒,昨天晚会的菜全都是你自己做的吗?
   ……不,请小王帮着做的。
4. 坐电车去的吗?
   ……不,是山田开车送我去的。
5. 太郎母亲节时为妈妈做什么呢?
   ……弹钢琴给妈妈听。

会话

去给你帮忙吧

卡莉娜:小王,星期天搬家吧。
　　　　我去给你帮忙吧。
王　　:谢谢。
　　　　那麻烦你9点左右来吧。
卡莉娜:还有谁去帮忙啊?
王　　:山田和米勒也来。
卡莉娜:车呢?
王　　:从山田那儿借了一辆。
卡莉娜:午饭怎么办?
王　　:是啊……
卡莉娜:那我带盒饭去吧。
王　　:不好意思,拜托了。
卡莉娜:那星期天见。

III. 参考词汇与信息

贈答(ぞうとう)の 習慣(しゅうかん)　　互赠礼品的习惯

お年玉(としだま)　　　　　　压岁钱（过年时父母或亲戚给孩子的钱）

入学祝(にゅうがくいわ)い　　　　　　入学贺礼（送给入学的人。现金、文具、图书等）

卒業祝(そつぎょういわ)い　　　　　　毕业贺礼（送给毕业的人。现金、文具、图书等）

結婚祝(けっこんいわ)い　　　　　　结婚贺礼（送给结婚的人。现金、家庭用品等）

出産祝(しゅっさんいわ)い　　　　　　出生贺礼（送给生了孩子的人。婴儿服装、玩具等）

お中元(ちゅうげん) [7月或8月]　　　　　
お歳暮(せいぼ) [12月]　　　　　中元节，年终贺礼（送给医生、老师、上司等平日给过自己关照的人。食品等）

お香典(こうでん)　　　　　　奠仪（送给家中有人去世的遗属的钱）

お見舞(みま)い　　　　　　探望病人的慰问品（送给病人和受伤的人。鲜花、水果等）

熨斗袋(のしぶくろ)　礼袋（送钱时使用的特制信封）

根据用途选择不同的信封

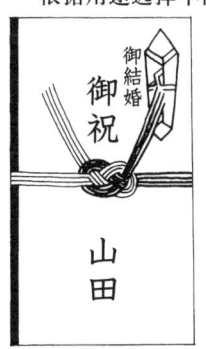

结婚贺礼用	结婚以外的贺礼用	葬礼用
御結婚 御祝 山田	御祝 山田	御霊前 山田
（红・白纸绳或金・银纸绳）	（红・白或金・银纸绳）	（黑・白纸绳）

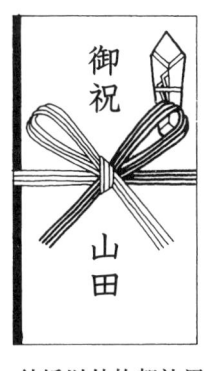

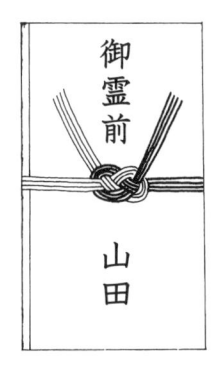

IV. 语法解释

1. くれます

在第7课我们学过的「あげます」，不能用于说话人（我）以外的人给说话人（我）及说话人家属等东西时。这时要用「くれます」。

① わたしは 佐藤さんに 花を あげました。

   我送佐藤花了。

   ×佐藤さんは わたしに クリスマスカードを あげました。

② 佐藤さんは わたしに クリスマスカードを くれました。

   佐藤送我圣诞卡了。

③ 佐藤さんは 妹に お菓子を くれました。

   佐藤给我妹妹点心了。

2. 动词て形 { あげます / もらいます / くれます }

「あげます」「もらいます」「くれます」用于物品的交换、互赠时。但用「～て あげます」「～て もらいます」「～て くれます」也可用于表示因其行为自己受惠或使对方受惠的场合。

1) 动词て形 あげます

「动词て形 あげます」用于表示某一行为使对方受益的场合，实施这一行为的人作为主语。

④ わたしは 木村さんに 本を 貸して あげました。

   我把书借给了木村。

因此，自己的行为使上司、长辈受惠的场合，如使用「～て あげます」的话，会给人以强加于人的印象，所以用时要注意。在提出要做会使上司，长辈受惠的行为时，要用「ます形ましょうか」（参考第14课5）。

⑤ タクシーを 呼びましょうか。

   要叫辆出租车吗？（第14课）

⑥ 手伝いましょうか。

   要帮忙吗？（第14课）

2) 动词て形 もらいます

⑦ わたしは 山田さんに 図書館の 電話番号を 教えて もらいました。

   我向山田问了图书馆的电话号码。

行为的接受者为主语，表示说话人感到作为主语的人因那一行为受惠的心情。当主语是「わたし」时一般会被省略。

3) 动词て形 くれます

⑧ 母は [わたしに] セーターを 送って くれました。
妈妈给我寄来了毛衣。

行为的实施者为主语，表示说话人感到行为的接受一方因那一行为受惠的心情。行为的接受者（用助词「に」表示）是「わたし」时一般会被省略。

[注] 在「～て あげます」「～て くれます」的句子中表示受惠人的助词与不用「～て あげます」「～て くれます」时的句子相同。

わたしに 旅行の 写真を 見せます。
↓
わたしに 旅行の 写真を 見せて くれます。　给我看旅行时的照片。

わたしを 大阪城へ 連れて 行きます。
↓
わたしを 大阪城へ 連れて 行って くれます。 帯我去大阪城。

わたしの 引っ越しを 手伝います。
↓
わたしの 引っ越しを 手伝って くれます。　　帮我搬家。

3. 名词₁は 名词₂が 动词

⑨ おいしい ワインですね。
真好喝的葡萄酒啊。

……ええ、[この ワインは] 佐藤さんが くれました。
……嗯，(这葡萄酒) 是佐藤送我的。

在回答的句子中，「さとうさんが この ワインを くれました」的宾语「この ワインを」作为主题（参考第17课5）。因为「この ワインは」是说话人和听话人双方都知道的，所以可以省略。另外，在这个句子中，「さとうさん」是主语，所以用「が」。

第 25 课

I. 单词

かんがえますⅡ	考えます	考虑、想
つきますⅠ	着きます	到
とりますⅠ 　[としを～]	取ります 　[年を～]	上 [年纪]
たりますⅡ	足ります	够
いなか	田舎	乡下、老家
チャンス		机会
おく	億	亿
もし [～たら]		如果、要是
いみ	意味	意思

〈練習C〉
もしもし　　　　　　　　　　　　　　喂（打电话时的用语）

〈会話〉
転勤(てんきん)　　　　　　　　　　　调动工作（～します：调动工作）
こと　　　　　　　　　　　　　　　事情（～の こと：～事）
暇(ひま)　　　　　　　　　　　　　　空闲、有空儿
[いろいろ]お世話(せわ)に なりました。　承蒙您的（多方）关照。
頑張(がんば)りますⅠ　　　　　　　　加油、努力
どうぞ お元気(げんき)で。　　　　　　请多保重／祝你健康。（用于要长期分别时）

ベトナム　　　　　　　　　　　　　越南

II. 翻译

句型
1. 要是下雨的话，就不出去了。
2. 即使下雨也要出去。

例句
1. 如果有一亿日元的话，想做什么？
   ……想办所学校。
2. 如果电车、公共汽车都停了的话，怎么办？
   ……走着回去。
3. 那家新开的鞋店有很多漂亮的鞋。
   ……是吗，如果便宜的话，想买一双。
4. 明天也必须来吗？
   ……要是勉强的话，那就下星期来吧。
5. 已经给孩子想好名字了吗？
   ……是的，男孩子的话，叫"光"。要是女孩子，就叫"绫"。
6. 大学毕业后马上工作吗？
   ……不，想花上一年左右的时间，到不同的国家去走走。
7. 老师，我不明白这个词的意思。
   ……查字典了吗？
   嗯，查了还是不明白。
8. 热的时候开空调吗？
   ……不，即使很热也不开。我觉得那对身体不好。

会话

承蒙多方关照

木村： 祝贺你调动工作。
米勒： 谢谢。
木村： 米勒去东京后，我们会寂寞的。
佐藤： 是啊。
木村： 即使去了东京也不要忘了大阪哦。
米勒： 当然不会。大家要是有时间，一定到东京来玩儿啊。
桑托斯：米勒要是来大阪的话，也要打电话来呀。
　　　　到时一起去喝上一杯。
米勒： 好的，一定。
　　　　各位，真是谢谢你们的关照了。
佐藤： 加油啊！也要注意身体啊。
米勒： 好。大家也要多保重。

III. 参考词汇与信息

人の一生　人的一生

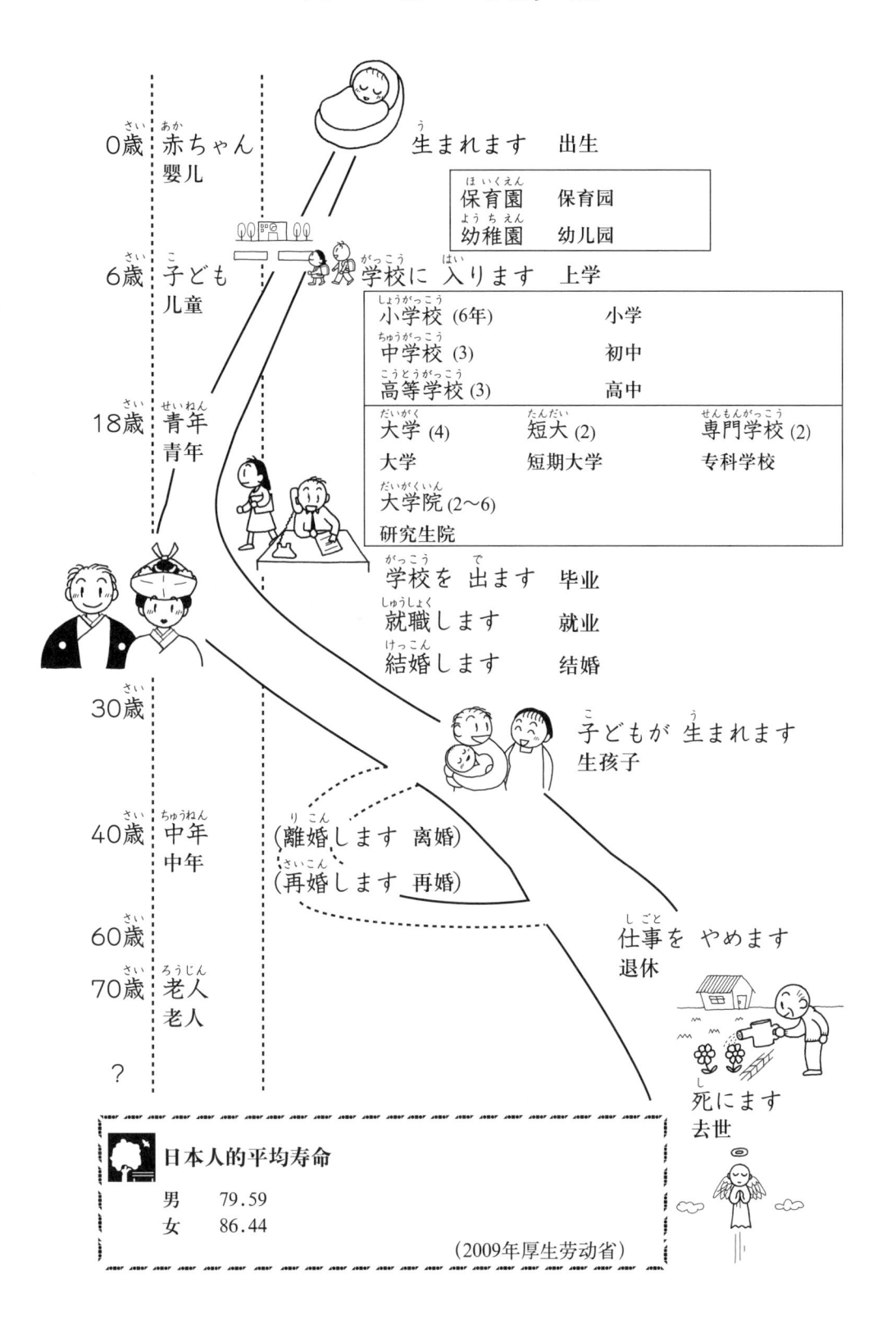

0歳	赤ちゃん	婴儿
	生まれます	出生
	保育園	保育园
	幼稚園	幼儿园
6歳	子ども	儿童
	学校に入ります	上学
	小学校（6年）	小学
	中学校（3）	初中
	高等学校（3）	高中
18歳	青年	青年
	大学（4）	大学
	短大（2）	短期大学
	専門学校（2）	专科学校
	大学院（2〜6）	研究生院
	学校を出ます	毕业
	就職します	就业
	結婚します	结婚
30歳	子どもが生まれます	生孩子
40歳	中年	中年
	（離婚します	离婚）
	（再婚します	再婚）
60歳	仕事をやめます	退休
70歳	老人	老人
?	死にます	去世

日本人的平均寿命
男　79.59
女　86.44

（2009年厚生劳动省）

IV. 语法解释

1. 普通形过去ら、～（主句）　　如果……的话

动词、形容词、名词的普通形过去时接「ら」，表示假定条件，在其后接续的句子（主句）中，表示的是在那一假定条件下所成立的内容。主句可以使用表示说话人的意志、愿望、劝诱、委托、请求等表现。

① お金が あったら、旅行します。

　　如果有钱的话，就去旅行。

② 時間が なかったら、テレビを 見ません。

　　如果没有时间的话，就不看电视。

③ 安かったら、パソコンを 買いたいです。

　　如果便宜的话，想买台电脑。

④ 暇だったら、手伝って ください。

　　如果有空儿的话，请帮我一下。

⑤ いい 天気だったら、散歩しませんか。

　　如果天好的话，去散步好吗？

[注]「～と」之后句子（主句）不能使用表示意志、愿望、委托、请求等表现。

×時間が あると、
- コンサートに 行きます。　　　（意志）
- コンサートに 行きたいです。　（愿望）
- コンサートに 行きませんか。　（劝诱）
- ちょっと 手伝って ください。（请求）

2. 动词た形ら、～（主句）　　如果……了，就……

在知道某一情况将会达成时，用「动词た形ら」这一句型来表示在前面的情况达成后，后面接续的主句的动作、事态的成立。

⑥ 10時に なったら、出かけましょう。

　　到10点就出发吧。

⑦ うちへ 帰ったら、すぐ シャワーを 浴びます。

　　到家后马上冲个澡。

3.
```
动词て形
动词ない形なくて
い形容词(い)→～くて      }  も、～(主句)     即使……也……
な形容词[な]→～で
名词で
```

表示逆接的假定条件。在「て形も」后续的主句中，所表示的是在此条件下，通常预期的事情没有发生，或发生的是与通常预期相反的事情。

⑧ 雨が 降っても、洗濯します。　　即使下雨也要洗衣服。

⑨ 安くても、わたしは グループ旅行が 嫌いです。
　　即使便宜，我也不愿意参加团体旅行。

⑩ 便利でも、パソコンを 使いません。
　　即使方便也不用电脑。

⑪ 日曜日でも、働きます。　　即使是星期天也要工作。

4. もし

「もし」和「～たら」一起使用，表示这个句子为条件句。「もし」强调说话人的假定语气。

⑫ もし 1億円 あったら、いろいろな 国を 旅行したいです。
　　如果有一亿日元的话，我想去很多国家旅行。

5. 从属句中的主语

在第16课2，就「～てから」句节中的主语用「が」表示进行了解说。与「～てから」「～とき」「～と」「～まえに」等一样，在「～たら」「～ても」中，从属句的主语也用「が」表示。

⑬ 友達が 来る まえに、部屋を 掃除します。
　　在朋友来之前，要把房间打扫干净。（第18课）

⑭ 妻が 病気の とき、会社を 休みます。
　　妻子生病的时候，跟公司请假。（第23课）

⑮ 友達が 約束の 時間に 来なかったら、どう しますか。
　　要是朋友在约好的时间没来怎么办？（第25课）

专栏1：主题和主语

1. 所谓主题

日语句子很多情况下都有主题。

主题放在句首，用以表示在这个句子中要就什么进行叙述，也就是"关于～,"的意思。例如（1）这个句子是关于「東京」所做的解说，即它是「日本の 首都」。

(1) 東京は 日本の 首都です。　　　东京是日本的首都。

同样（2）（3）的句子也分别是关于「この 部屋」和「わたし」的解说。

(2) この 部屋は 静かです。　　　这个房间很安静。

(3) わたしは 先週 ディズニーランドへ 行きました。
　　　　　　　　　　　　　　　　　　我上星期去迪斯尼乐园了。

主题用助词「は」来表示。即在有主题的句子中，可以把「は」之前和「は」之后分为两个部分。后面接续助词「は」的部分是主题，去除主题的其他部分则为解说。

(1) 東京は 日本の 首都です。　　　东京是日本的首都。
　　　主题　　　解说

2. 所谓主语

主语对于谓语（动词、形容词、名词＋です）来说是最重要的成分。例如用来表示「飲みます（喝）、走ります（跑）」这类动词的行为者，「います（有）、あります（在）」这类动词所示存在的人和物，「降ります（下）、吹きます（刮）」这类动词的事物主体（下的东西、刮的东西）以及「大きいです（大）、有名です（有名）」等形容词和「学生です（是学生）、病気です（有病）」这类「名词＋です」句子中属性的所有者，「好きです（喜欢）、怖いです（害怕）」这类形容词的感情带有者。因此，下面例句中划有下横线的名词部分都是主语。

在没有主题的句子中，主语用助词「が」来表示。

(4) 太郎が ビールを 飲みました。　　太郎喝啤酒了。

(5) 机の 上に 本が あります。　　　桌子上有书。

(6) きのう 雨が 降りました。　　　昨天下雨了。

3. 主题与主语的关系

主语与主题是两个不同的概念，但是相互之间有着密切的关系。

在多数有主题的句子中，主题同时也是主语。例如（7）的「田中さん」、（8）的「佐藤さん」、（9）的「わたし」都是主题（因后面都接续有「は」），与此同时也

都是主语（因分别是属性的所有者和感情的带有者）。

(7) 田中さんは 有名です。　　　　　　田中很有名。
(8) 佐藤さんは 学生です。　　　　　　佐藤是学生。
(9) わたしは 犬が 怖いです。　　　　我怕狗。

　　主题和主语同一的情况相对来讲比较多，但是也有两者不是同一的情况。例如(10) 中的「この 本（这本书）」是主题（因后面接续有「は」），但由于进行「書きます（写）」这一动作的是「田中さん」，所以「この 本（这本书）」不是主语。

(10) この 本は 田中さんが 書きました。　这本书是田中写的。

　　可以认为 (10) 是把 (11) 这一句子中的「この 本を」用作了主题。

(11) 田中さんが この 本を 書きました。　田中写了这本书。
(12) この 本を は 田中さんが 書きました。　这本书是田中写的。

　　首先，把「この 本を」移到句首，后面接续「は」，以表示主题。这时由于「を」和「は」不能并用，所以「を」被去掉，只留下「は」，于是就变成了 (10) 这样的句子。
　　另外，「が」和「を」以外的助词可以和「は」并用，如 (13)(14)。

(13) 田中さんには わたしが 連絡します。　田中由我来联系。
(14) 山田さんからは 返事が 来ませんでした。山田那儿没有回答。

4．有主题的句子与没有主题的句子

　　日语句子很多都有主题，但也存在着没有主题的句子。在有主题的句子中，主语用「は」来表示，在没有主题的句子中，主语用「が」来表示。
　　没有主题的句子用于以下场合。

1) 把看到的、听到的事情直接讲述出来时

　　直接讲述通过五官所感受到的事情时，使用没有主题的句子。

(15) あっ、雨が 降って います。　　　啊，下着雨呢。
(16) ラジオの 音が 小さいです。　　　收音机的声音很小。
(17) （窓の 外を 見て）月が きれいだなぁ。（看着窗外）月亮真漂亮啊！

2) 对事物的客观转述以及故事的开头

　　在这些场合也使用没有主题的句子。

(18) きのう 太郎が 来ました。　　　　昨天，太郎来了。
(19) 来週 パーティーが あります。　　下星期，有个晚会。
(20) むかしむかし ある ところに おじいさんと おばあさんが いました。
　　　　　　　　　　　很久很久以前，在一个地方，有一位老爷爷和一位老奶奶。

专栏2：句节

所谓的句节就是成为其他句子中的一部分的句子。

比如，(1) 划有下线的部分「田中さんが ここへ 来ました」和 (2) 划有下线的部分「あした 雨が 降ります」这样的句子只是一个长句子中的一部分。

(1) <u>田中さんが ここへ 来た</u> とき、山田さんは いませんでした。

　　　　　　　　　　　　　　　　　田中来的时候，山田不在。

(2) <u>あした 雨が 降ったら</u>、わたしは 出かけません。

　　　　　　　　　　　　　　　　　要是明天下雨，我就不出门了。

像这样，成为其他句子的一部分的句节叫做从属句。句子整体除去从属句的部分叫做主句。

从属句的作用是可以使主句的内容表示得更为详尽。比如 (2)，举出了「あした 雨が 降ったら」作为我明天不出门的条件，从而限定了主句的内容。

在日语的一般语序中，从属句放在主句之前。

从属句的主语一般用「が」(不是「は」) 表示。但是，「～が」「～けど」的句节的主语可以用「は」表示。

附　录

1．数字

0	ゼロ、れい	100	ひゃく
1	いち	200	にひゃく
2	に	300	さんびゃく
3	さん	400	よんひゃく
4	よん、し	500	ごひゃく
5	ご	600	ろっぴゃく
6	ろく	700	ななひゃく
7	なな、しち	800	はっぴゃく
8	はち	900	きゅうひゃく
9	きゅう、く		
10	じゅう	1,000	せん
11	じゅういち	2,000	にせん
12	じゅうに	3,000	さんぜん
13	じゅうさん	4,000	よんせん
14	じゅうよん、じゅうし	5,000	ごせん
15	じゅうご	6,000	ろくせん
16	じゅうろく	7,000	ななせん
17	じゅうなな、じゅうしち	8,000	はっせん
18	じゅうはち	9,000	きゅうせん
19	じゅうきゅう、じゅうく		
20	にじゅう	10,000	いちまん
30	さんじゅう	100,000	じゅうまん
40	よんじゅう	1,000,000	ひゃくまん
50	ごじゅう	10,000,000	せんまん
60	ろくじゅう	100,000,000	いちおく
70	ななじゅう、しちじゅう		
80	はちじゅう	17.5	じゅうななてんご
90	きゅうじゅう	0.83	れいてんはちさん

$\frac{1}{2}$　にぶんの いち

$\frac{3}{4}$　よんぶんの さん

II．时间的表示

日	早上	晚上
おととい 前天	おとといの あさ 前天早上	おとといの ばん(よる) 前天晚上
きのう 昨天	きのうの あさ 昨天早上	きのうの ばん(よる) 昨天晚上
きょう 今天	けさ 今天早上	こんばん(きょうの よる) 今天晚上
あした 明天	あしたの あさ 明天早上	あしたの ばん(よる) 明天晚上
あさって 后天	あさっての あさ 后天早上	あさっての ばん(よる) 后天晚上
まいにち 每天	まいあさ 每天早上	まいばん 每天晚上

星期	月	年
せんせんしゅう (にしゅうかんまえ) 上上星期(两星期前)	せんせんげつ (にかげつまえ) 上上个月(两个月前)	おととし 前年
せんしゅう 上星期	せんげつ 上个月	きょねん 去年
こんしゅう 这星期	こんげつ 这个月	ことし 今年
らいしゅう 下星期	らいげつ 下个月	らいねん 明年
さらいしゅう 下下星期	さらいげつ 下下个月	さらいねん 后年
まいしゅう 每星期	まいつき 每个月	まいとし、まいねん 每年

时间日期的说法

	点 －時		分 －分
1	いちじ	1	いっぷん
2	にじ	2	にふん
3	さんじ	3	さんぷん
4	よじ	4	よんぷん
5	ごじ	5	ごふん
6	ろくじ	6	ろっぷん
7	しちじ	7	ななふん
8	はちじ	8	はっぷん
9	くじ	9	きゅうふん
10	じゅうじ	10	じゅっぷん、じっぷん
11	じゅういちじ	15	じゅうごふん
12	じゅうにじ	30	さんじゅっぷん、さんじっぷん、はん
?	なんじ	?	なんぷん

星期 ～曜日
にちようび　星期天
げつようび　星期一
かようび　星期二
すいようび　星期三
もくようび　星期四
きんようび　星期五
どようび　星期六
なんようび　星期几

日期					
	月 －月		号 －日		
1	いちがつ	1	ついたち	17	じゅうしちにち
2	にがつ	2	ふつか	18	じゅうはちにち
3	さんがつ	3	みっか	19	じゅうくにち
4	しがつ	4	よっか	20	はつか
5	ごがつ	5	いつか	21	にじゅういちにち
6	ろくがつ	6	むいか	22	にじゅうににち
7	しちがつ	7	なのか	23	にじゅうさんにち
8	はちがつ	8	ようか	24	にじゅうよっか
9	くがつ	9	ここのか	25	にじゅうごにち
10	じゅうがつ	10	とおか	26	にじゅうろくにち
11	じゅういちがつ	11	じゅういちにち	27	にじゅうしちにち
12	じゅうにがつ	12	じゅうににち	28	にじゅうはちにち
?	なんがつ	13	じゅうさんにち	29	にじゅうくにち
		14	じゅうよっか	30	さんじゅうにち
		15	じゅうごにち	31	さんじゅういちにち
		16	じゅうろくにち	?	なんにち

III．期间的表示

	小时(量词)	
	小时 －時間	分钟 －分
1	いちじかん	いっぷん
2	にじかん	にふん
3	さんじかん	さんぷん
4	よじかん	よんぷん
5	ごじかん	ごふん
6	ろくじかん	ろっぷん
7	ななじかん、しちじかん	ななふん
8	はちじかん	はっぷん
9	くじかん	きゅうふん
10	じゅうじかん	じゅっぷん、じっぷん
?	なんじかん	なんぷん

	期间			
	天 －日	(个)星期 －週間	个月 －か月	年 －年
1	いちにち	いっしゅうかん	いっかげつ	いちねん
2	ふつか	にしゅうかん	にかげつ	にねん
3	みっか	さんしゅうかん	さんかげつ	さんねん
4	よっか	よんしゅうかん	よんかげつ	よねん
5	いつか	ごしゅうかん	ごかげつ	ごねん
6	むいか	ろくしゅうかん	ろっかげつ、はんとし	ろくねん
7	なのか	ななしゅうかん	ななかげつ	ななねん、しちねん
8	ようか	はっしゅうかん	はちかげつ、はっかげつ	はちねん
9	ここのか	きゅうしゅうかん	きゅうかげつ	きゅうねん
10	とおか	じゅっしゅうかん、じっしゅうかん	じゅっかげつ、じっかげつ	じゅうねん
?	なんにち	なんしゅうかん	なんかげつ	なんねん

Ⅳ．量词

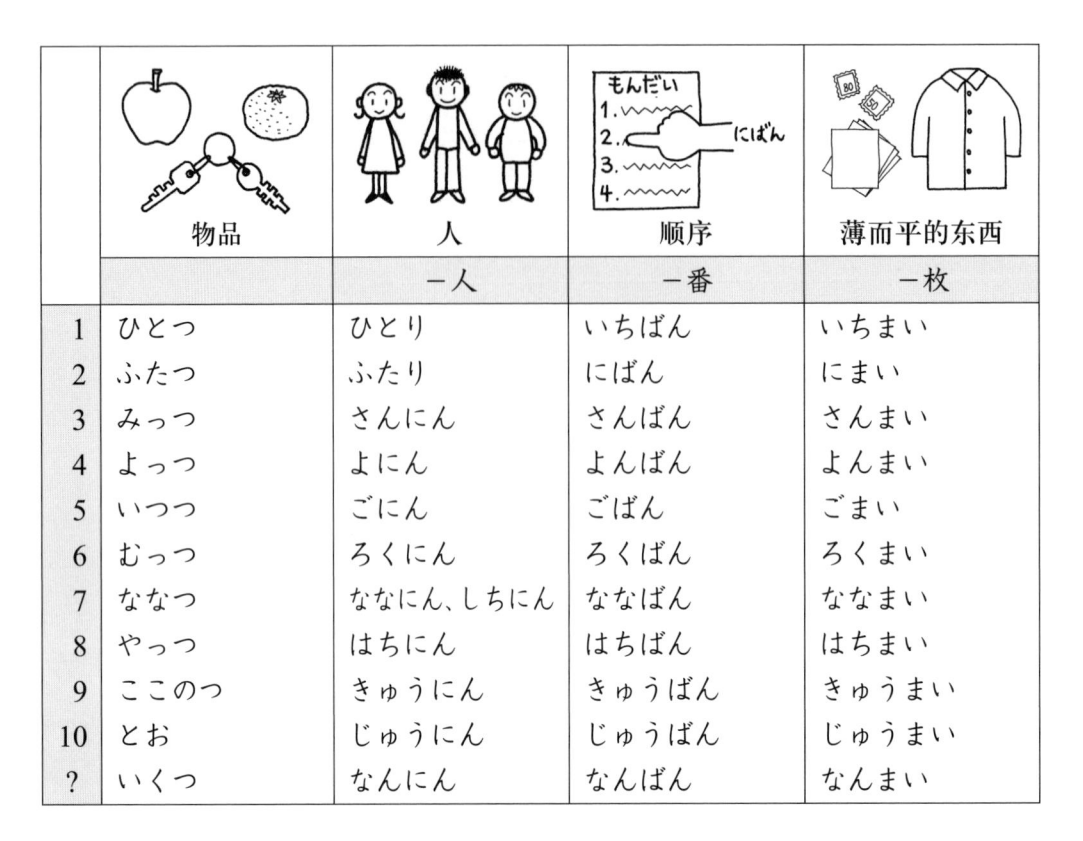

	物品	人	顺序	薄而平的东西
		一人	一番	一枚
1	ひとつ	ひとり	いちばん	いちまい
2	ふたつ	ふたり	にばん	にまい
3	みっつ	さんにん	さんばん	さんまい
4	よっつ	よにん	よんばん	よんまい
5	いつつ	ごにん	ごばん	ごまい
6	むっつ	ろくにん	ろくばん	ろくまい
7	ななつ	ななにん、しちにん	ななばん	ななまい
8	やっつ	はちにん	はちばん	はちまい
9	ここのつ	きゅうにん	きゅうばん	きゅうまい
10	とお	じゅうにん	じゅうばん	じゅうまい
?	いくつ	なんにん	なんばん	なんまい

	机械、车辆等	年龄	书本	服装
	一台	一歳	一冊	一着
1	いちだい	いっさい	いっさつ	いっちゃく
2	にだい	にさい	にさつ	にちゃく
3	さんだい	さんさい	さんさつ	さんちゃく
4	よんだい	よんさい	よんさつ	よんちゃく
5	ごだい	ごさい	ごさつ	ごちゃく
6	ろくだい	ろくさい	ろくさつ	ろくちゃく
7	ななだい	ななさい	ななさつ	ななちゃく
8	はちだい	はっさい	はっさつ	はっちゃく
9	きゅうだい	きゅうさい	きゅうさつ	きゅうちゃく
10	じゅうだい	じゅっさい、じっさい	じゅっさつ、じっさつ	じゅっちゃく、じっちゃく
?	なんだい	なんさい	なんさつ	なんちゃく

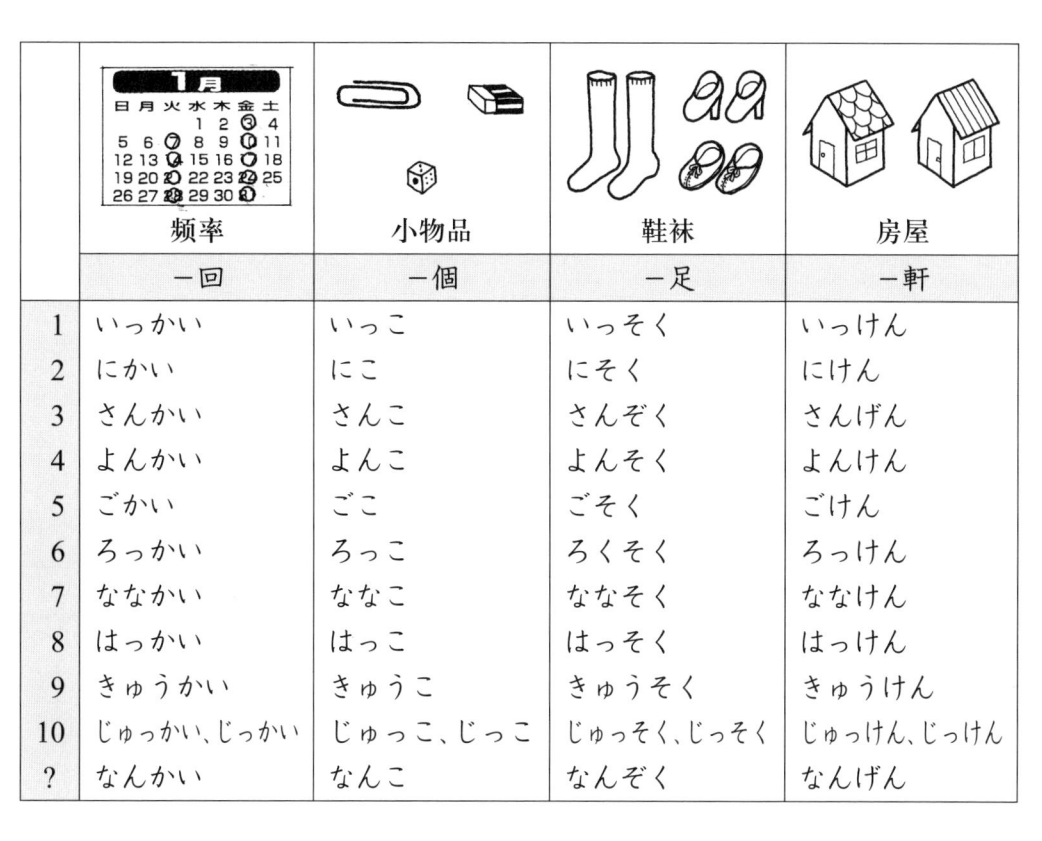

	频率	小物品	鞋袜	房屋
	一回	一個	一足	一軒
1	いっかい	いっこ	いっそく	いっけん
2	にかい	にこ	にそく	にけん
3	さんかい	さんこ	さんぞく	さんげん
4	よんかい	よんこ	よんそく	よんけん
5	ごかい	ごこ	ごそく	ごけん
6	ろっかい	ろっこ	ろくそく	ろっけん
7	ななかい	ななこ	ななそく	ななけん
8	はっかい	はっこ	はっそく	はっけん
9	きゅうかい	きゅうこ	きゅうそく	きゅうけん
10	じゅっかい、じっかい	じゅっこ、じっこ	じゅっそく、じっそく	じゅっけん、じっけん
?	なんかい	なんこ	なんぞく	なんげん

	建筑物的楼层	细长的东西	茶杯或玻璃杯等装有的饮料	小动物、鱼、昆虫
	一階	一本	一杯	一匹
1	いっかい	いっぽん	いっぱい	いっぴき
2	にかい	にほん	にはい	にひき
3	さんがい	さんぼん	さんばい	さんびき
4	よんかい	よんほん	よんはい	よんひき
5	ごかい	ごほん	ごはい	ごひき
6	ろっかい	ろっぽん	ろっぱい	ろっぴき
7	ななかい	ななほん	ななはい	ななひき
8	はっかい	はっぽん	はっぱい	はっぴき
9	きゅうかい	きゅうほん	きゅうはい	きゅうひき
10	じゅっかい、じっかい	じゅっぽん、じっぽん	じゅっぱい、じっぱい	じゅっぴき、じっぴき
?	なんがい	なんぼん	なんばい	なんびき

V．动词的活用

I 类

	ます形		て形	字典形
会います[ともだちに～]	あい	ます	あって	あう
遊びます	あそび	ます	あそんで	あそぶ
洗います	あらい	ます	あらって	あらう
あります	あり	ます	あって	ある
あります	あり	ます	あって	ある
あります[おまつりが～]	あり	ます	あって	ある
歩きます	あるき	ます	あるいて	あるく
言います	いい	ます	いって	いう
行きます	いき	ます	いって	いく
急ぎます	いそぎ	ます	いそいで	いそぐ
要ります[ビザが～]	いり	ます	いって	いる
動きます	うごき	ます	うごいて	うごく
歌います	うたい	ます	うたって	うたう
売ります	うり	ます	うって	うる
置きます	おき	ます	おいて	おく
送ります	おくり	ます	おくって	おくる
送ります[ひとを～]	おくり	ます	おくって	おくる
押します	おし	ます	おして	おす
思い出します	おもいだし	ます	おもいだして	おもいだす
思います	おもい	ます	おもって	おもう
泳ぎます	およぎ	ます	およいで	およぐ
下ろします[おかねを～]	おろし	ます	おろして	おろす
終わります	おわり	ます	おわって	おわる
買います	かい	ます	かって	かう
返します	かえし	ます	かえして	かえす
帰ります	かえり	ます	かえって	かえる
かかります	かかり	ます	かかって	かかる
書きます(かきます)	かき	ます	かいて	かく
貸します	かし	ます	かして	かす
勝ちます	かち	ます	かって	かつ
かぶります	かぶり	ます	かぶって	かぶる
頑張ります	がんばり	ます	がんばって	がんばる

ない形		た形	意思	课
あわ	ない	あった	[跟朋友]见面	6
あそば	ない	あそんだ	玩儿	13
あらわ	ない	あらった	洗	18
—	ない	あった	有	9
—	ない	あった	在、有（不会活动的东西）	10
—	ない	あった	举办、有[节庆活动]	21
あるか	ない	あるいた	走	23
いわ	ない	いった	说、讲	21
いか	ない	いった	去	5
いそが	ない	いそいだ	急、急忙	14
いら	ない	いった	要[签证]	20
うごか	ない	うごいた	转动、动	21
うたわ	ない	うたった	唱	18
うら	ない	うった	卖	15
おか	ない	おいた	放	15
おくら	ない	おくった	寄、发	7
おくら	ない	おくった	送[人]	24
おさ	ない	おした	按、押、推	16
おもいださ	ない	おもいだした	想起	15
おもわ	ない	おもった	想、觉得	21
およが	ない	およいだ	游泳	13
おろさ	ない	おろした	取[款]	16
おわら	ない	おわった	结束	4
かわ	ない	かった	买	6
かえさ	ない	かえした	还、返回	17
かえら	ない	かえった	回	5
かから	ない	かかった	花（花费时间、钱等）	11
かか	ない	かいた	写、画	6
かさ	ない	かした	借给	7
かた	ない	かった	赢	21
かぶら	ない	かぶった	戴（帽子等）	22
がんばら	ない	がんばった	加油、努力	25

171

	ます形		て形	字典形
聞きます	きき	ます	きいて	きく
聞きます[せんせいに～]	きき	ます	きいて	きく
切ります	きり	ます	きって	きる
消します	けし	ます	けして	けす
触ります[ドアに～]	さわり	ます	さわって	さわる
知ります	しり	ます	しって	しる
吸います[たばこを～]	すい	ます	すって	すう
住みます	すみ	ます	すんで	すむ
座ります	すわり	ます	すわって	すわる
出します	だし	ます	だして	だす
立ちます	たち	ます	たって	たつ
使います	つかい	ます	つかって	つかう
着きます	つき	ます	ついて	つく
作ります、造ります	つくり	ます	つくって	つくる
連れて 行きます	つれて いき	ます	つれて いって	つれて いく
手伝います	てつだい	ます	てつだって	てつだう
泊まります[ホテルに～]	とまり	ます	とまって	とまる
取ります	とり	ます	とって	とる
撮ります[しゃしんを～]	とり	ます	とって	とる
取ります[としを～]	とり	ます	とって	とる
直します	なおし	ます	なおして	なおす
なくします	なくし	ます	なくして	なくす
習います	ならい	ます	ならって	ならう
なります	なり	ます	なって	なる
脱ぎます	ぬぎ	ます	ぬいで	ぬぐ
登ります、上ります	のぼり	ます	のぼって	のぼる
飲みます	のみ	ます	のんで	のむ
飲みます	のみ	ます	のんで	のむ
飲みます[くすりを～]	のみ	ます	のんで	のむ
乗ります[でんしゃに～]	のり	ます	のって	のる
入ります[きっさてんに～]	はいり	ます	はいって	はいる
入ります[だいがくに～]	はいり	ます	はいって	はいる
入ります[おふろに～]	はいり	ます	はいって	はいる
はきます	はき	ます	はいて	はく

ない形		た形	意思	课
きか	ない	きいた	听	6
きか	ない	きいた	问[老师]	23
きら	ない	きった	切、剪	7
けさ	ない	けした	关(空调等)	14
さわら	ない	さわった	摸、碰[到门]	23
しら	ない	しった	知道	15
すわ	ない	すった	吸、抽[烟]	6
すま	ない	すんだ	住	15
すわら	ない	すわった	坐	14
ださ	ない	だした	拿出、取出、提交、寄	16
たた	ない	たった	站	14
つかわ	ない	つかった	使用	14
つか	ない	ついた	到	25
つくら	ない	つくった	做、制造	15
つれて いか	ない	つれて いった	领着去	24
てつだわ	ない	てつだった	帮忙	14
とまら	ない	とまった	住[饭店]	19
とら	ない	とった	取	14
とら	ない	とった	照[相]	6
とら	ない	とった	上[年纪]	25
なおさ	ない	なおした	修理、修改	24
なくさ	ない	なくした	丢	17
ならわ	ない	ならった	学习	7
なら	ない	なった	变成、成为	19
ぬが	ない	ぬいだ	脱(衣服、鞋等)	17
のぼら	ない	のぼった	登、上	19
のま	ない	のんだ	喝	6
のま	ない	のんだ	喝酒	16
のま	ない	のんだ	吃[药]	17
のら	ない	のった	坐、乘[电车]	16
はいら	ない	はいった	进[咖啡馆]	14
はいら	ない	はいった	上[大学]	16
はいら	ない	はいった	洗[澡]	17
はか	ない	はいた	穿(鞋子、裤子等)	22

	ます形		て形	字典形
働きます	はたらき	ます	はたらいて	はたらく
話します	はなし	ます	はなして	はなす
払います	はらい	ます	はらって	はらう
弾きます	ひき	ます	ひいて	ひく
引きます	ひき	ます	ひいて	ひく
降ります[あめが～]	ふり	ます	ふって	ふる
曲がります[みぎへ～]	まがり	ます	まがって	まがる
待ちます	まち	ます	まって	まつ
回します	まわし	ます	まわして	まわす
持ちます	もち	ます	もって	もつ
持って行きます	もって いき	ます	もって いって	もって いく
もらいます	もらい	ます	もらって	もらう
役に立ちます	やくに たち	ます	やくに たって	やくに たつ
休みます	やすみ	ます	やすんで	やすむ
休みます[かいしゃを～]	やすみ	ます	やすんで	やすむ
呼びます	よび	ます	よんで	よぶ
読みます	よみ	ます	よんで	よむ
わかります	わかり	ます	わかって	わかる
渡ります[はしを～]	わたり	ます	わたって	わたる

ない形		た形	意思	课
はたらか	ない	はたらいた	工作、劳动	4
はなさ	ない	はなした	说话	14
はらわ	ない	はらった	付钱	17
ひか	ない	ひいた	弹（钢琴等）	18
ひか	ない	ひいた	拉、拽	23
ふら	ない	ふった	下［雨］	14
まがら	ない	まがった	［往右］拐、转弯	23
また	ない	まった	等	14
まわさ	ない	まわした	传递、转递	23
もた	ない	もった	拿	14
もって いか	ない	もって いった	带去、拿去	17
もらわ	ない	もらった	得到	7
やくに たた	ない	やくに たった	有用、起作用	21
やすま	ない	やすんだ	休息	4
やすま	ない	やすんだ	［跟公司］请假	11
よば	ない	よんだ	叫	14
よま	ない	よんだ	读	6
わから	ない	わかった	懂、明白	9
わたら	ない	わたった	过［桥］	23

II 类

	ます形		て形	字典形
開けます	あけ	ます	あけて	あける
あげます	あげ	ます	あげて	あげる
集めます	あつめ	ます	あつめて	あつめる
浴びます[シャワーを～]	あび	ます	あびて	あびる
います	い	ます	いて	いる
います[こどもが～]	い	ます	いて	いる
います[にほんに～]	い	ます	いて	いる
入れます	いれ	ます	いれて	いれる
生まれます	うまれ	ます	うまれて	うまれる
起きます	おき	ます	おきて	おきる
教えます	おしえ	ます	おしえて	おしえる
教えます[じゅうしょを～]	おしえ	ます	おしえて	おしえる
覚えます	おぼえ	ます	おぼえて	おぼえる
降ります[でんしゃを～]	おり	ます	おりて	おりる
換えます	かえ	ます	かえて	かえる
変えます	かえ	ます	かえて	かえる
かけます[でんわを～]	かけ	ます	かけて	かける
かけます[めがねを～]	かけ	ます	かけて	かける
借ります	かり	ます	かりて	かりる
考えます	かんがえ	ます	かんがえて	かんがえる
着ます	き	ます	きて	きる
気を つけます	きを つけ	ます	きを つけて	きを つける
くれます	くれ	ます	くれて	くれる
閉めます	しめ	ます	しめて	しめる
調べます	しらべ	ます	しらべて	しらべる
捨てます	すて	ます	すてて	すてる
食べます	たべ	ます	たべて	たべる
足ります	たり	ます	たりて	たりる
疲れます	つかれ	ます	つかれて	つかれる
つけます	つけ	ます	つけて	つける
出かけます	でかけ	ます	でかけて	でかける
できます	でき	ます	できて	できる
出ます[おつりが～]	で	ます	でて	でる

ない形		た形	意思	课
あけ	ない	あけた	开(门、窗等)	14
あげ	ない	あげた	给(你)	7
あつめ	ない	あつめた	收集、收藏	18
あび	ない	あびた	冲[淋浴]	16
い	ない	いた	在、有(会活动的人、动物)	10
い	ない	いた	有[孩子]	11
い	ない	いた	在[日本]	11
いれ	ない	いれた	放入、插入	16
うまれ	ない	うまれた	出生	22
おき	ない	おきた	起床	4
おしえ	ない	おしえた	教、告诉	7
おしえ	ない	おしえた	告诉[地址]	14
おぼえ	ない	おぼえた	记住	17
おり	ない	おりた	下[电车]	16
かえ	ない	かえた	换	18
かえ	ない	かえた	改变	23
かけ	ない	かけた	打[电话]	7
かけ	ない	かけた	戴[眼镜]	22
かり	ない	かりた	借	7
かんがえ	ない	かんがえた	考虑、想	25
き	ない	きた	穿(衬衫等)	22
きを つけ	ない	きを つけた	小心、注意	21
くれ	ない	くれた	给(我、我方)	24
しめ	ない	しめた	关(门、窗等)	14
しらべ	ない	しらべた	查、调查	20
すて	ない	すてた	丢弃、扔	18
たべ	ない	たべた	吃	6
たり	ない	たりた	够	25
つかれ	ない	つかれた	累	13
つけ	ない	つけた	开(空调等)	14
でかけ	ない	でかけた	出门、外出	17
でき	ない	できた	能、会、可以	18
で	ない	でた	找[零钱]	23

	ます形		て形	字典形
出ます[きっさてんを～]	で	ます	でて	でる
出ます[だいがくを～]	で	ます	でて	でる
止めます	とめ	ます	とめて	とめる
寝ます	ね	ます	ねて	ねる
乗り換えます	のりかえ	ます	のりかえて	のりかえる
始めます	はじめ	ます	はじめて	はじめる
負けます	まけ	ます	まけて	まける
見せます	みせ	ます	みせて	みせる
見ます	み	ます	みて	みる
迎えます	むかえ	ます	むかえて	むかえる
やめます[かいしゃを～]	やめ	ます	やめて	やめる
忘れます	わすれ	ます	わすれて	わすれる

ない形		た形	意思	课
で	ない	でた	出[咖啡馆]	14
で	ない	でた	[大学]毕业	16
とめ	ない	とめた	停、止	14
ね	ない	ねた	睡觉	4
のりかえ	ない	のりかえた	换车	16
はじめ	ない	はじめた	开始	16
まけ	ない	まけた	输	21
みせ	ない	みせた	显示、给~看	14
み	ない	みた	看	6
むかえ	ない	むかえた	迎接	13
やめ	ない	やめた	[跟公司]辞职、退休、戒(烟、酒)	21
わすれ	ない	わすれた	忘	17

Ⅲ类

	ます形		て形	字典形
案内します	あんないし	ます	あんないして	あんないする
運転します	うんてんし	ます	うんてんして	うんてんする
買い物します	かいものし	ます	かいものして	かいものする
来ます	き	ます	きて	くる
結婚します	けっこんし	ます	けっこんして	けっこんする
見学します	けんがくし	ます	けんがくして	けんがくする
研究します	けんきゅうし	ます	けんきゅうして	けんきゅうする
コピーします	コピーし	ます	コピーして	コピーする
散歩します[こうえんを～]	さんぽし	ます	さんぽして	さんぽする
残業します	ざんぎょうし	ます	ざんぎょうして	ざんぎょうする
します	し	ます	して	する
します[ネクタイを～]	し	ます	して	する
修理します	しゅうりし	ます	しゅうりして	しゅうりする
出張します	しゅっちょうし	ます	しゅっちょうして	しゅっちょうする
紹介します	しょうかいし	ます	しょうかいして	しょうかいする
食事します	しょくじし	ます	しょくじして	しょくじする
心配します	しんぱいし	ます	しんぱいして	しんぱいする
説明します	せつめいし	ます	せつめいして	せつめいする
洗濯します	せんたくし	ます	せんたくして	せんたくする
掃除します	そうじし	ます	そうじして	そうじする
連れて来ます	つれてき	ます	つれてきて	つれてくる
電話します	でんわし	ます	でんわして	でんわする
勉強します	べんきょうし	ます	べんきょうして	べんきょうする
持って来ます	もってき	ます	もってきて	もってくる
予約します	よやくし	ます	よやくして	よやくする
留学します	りゅうがくし	ます	りゅうがくして	りゅうがくする

ない形		た形	意思	课
あんないし	ない	あんないした	导游、领路	24
うんてんし	ない	うんてんした	开车	18
かいものし	ない	かいものした	买东西	13
こ	ない	きた	来	5
けっこんし	ない	けっこんした	结婚	13
けんがくし	ない	けんがくした	参观	16
けんきゅうし	ない	けんきゅうした	研究	15
コピーし	ない	コピーした	复印	14
さんぽし	ない	さんぽした	[在公园]散步	13
ざんぎょうし	ない	ざんぎょうした	加班	17
し	ない	した	做、干	6
し	ない	した	系[领带]	22
しゅうりし	ない	しゅうりした	修理	20
しゅっちょうし	ない	しゅっちょうした	出差	17
しょうかいし	ない	しょうかいした	介绍	24
しょくじし	ない	しょくじした	吃饭、用餐	13
しんぱいし	ない	しんぱいした	担心	17
せつめいし	ない	せつめいした	说明、讲解	24
せんたくし	ない	せんたくした	洗衣服	19
そうじし	ない	そうじした	打扫	19
つれてこ	ない	つれてきた	领着来	24
でんわし	ない	でんわした	打电话	16
べんきょうし	ない	べんきょうした	学习	4
もってこ	ない	もってきた	带来、拿来	17
よやくし	ない	よやくした	预订	18
りゅうがくし	ない	りゅうがくした	留学	21

主编
鶴尾能子　石沢弘子

合作执笔
田中よね　澤田幸子　重川明美　牧野昭子　御子神慶子

中文翻译
徐前

插图
田辺澄美　佐藤夏枝

装订、版面设计
山田武

写真提供
栃木県、姫路市、広島県

みんなの日本語　初級Ⅰ　第2版
翻訳・文法解説　中国語版

1998年11月18日　初版第1刷発行
2012年 8月 2日　第2版第1刷発行
2024年11月15日　第2版第12刷発行

編著者　スリーエーネットワーク
発行者　藤嵜政子
発　行　株式会社スリーエーネットワーク
　　　　〒102-0083　東京都千代田区麹町3丁目4番
　　　　　　　　　　トラスティ麹町ビル2F
　　　　電話　営業　03(5275)2722
　　　　　　　編集　03(5275)2725
　　　　https://www.3anet.co.jp/
印　刷　倉敷印刷株式会社

ISBN978-4-88319-605-0 C0081

落丁・乱丁本はお取替えいたします。
本書の全部または一部を無断で複写複製（コピー）することは著作権法上
での例外を除き、禁じられています。
「みんなの日本語」は株式会社スリーエーネットワークの登録商標です。

みんなの日本語シリーズ

みんなの日本語 初級Ⅰ 第2版

- 本冊（CD付） ……………… 2,750円（税込）
- 本冊 ローマ字版（CD付） …… 2,750円（税込）
- 翻訳・文法解説 …………… 各2,200円（税込）
  英語版／ローマ字版【英語】／中国語版／韓国語版／
  ドイツ語版／スペイン語版／ポルトガル語版／
  ベトナム語版／イタリア語版／フランス語版／
  ロシア語版(新版)／タイ語版／インドネシア語版／
  ビルマ語版／シンハラ語版／ネパール語版
- 教え方の手引き ……………… 3,080円（税込）
- 初級で読めるトピック25 …… 1,540円（税込）
- 聴解タスク25 ……………… 2,200円（税込）
- 標準問題集 …………………… 990円（税込）
- 漢字 英語版 ……………… 1,980円（税込）
- 漢字 ベトナム語版 ………… 1,980円（税込）
- 漢字練習帳 ………………… 990円（税込）
- 書いて覚える文型練習帳 …… 1,430円（税込）
- 導入・練習イラスト集 ……… 2,420円（税込）
- CD 5枚セット ……………… 8,800円（税込）
- 会話DVD …………………… 8,800円（税込）
- 会話DVD　PAL方式 ……… 8,800円（税込）
- 絵教材CD-ROMブック ……… 3,300円（税込）

みんなの日本語 初級Ⅱ 第2版

- 本冊（CD付） ……………… 2,750円（税込）
- 翻訳・文法解説 …………… 各2,200円（税込）
  英語版／中国語版／韓国語版／ドイツ語版／
  スペイン語版／ポルトガル語版／ベトナム語版／
  イタリア語版／フランス語版／ロシア語版(新版)／
  タイ語版／インドネシア語版／ビルマ語版／
  シンハラ語版／ネパール語版
- 教え方の手引き ……………… 3,080円（税込）
- 初級で読めるトピック25 …… 1,540円（税込）
- 聴解タスク25 ……………… 2,640円（税込）
- 標準問題集 …………………… 990円（税込）
- 漢字 英語版 ……………… 1,980円（税込）
- 漢字 ベトナム語版 ………… 1,980円（税込）
- 漢字練習帳 ………………… 1,320円（税込）
- 書いて覚える文型練習帳 …… 1,430円（税込）
- 導入・練習イラスト集 ……… 2,640円（税込）
- CD 5枚セット ……………… 8,800円（税込）
- 会話DVD …………………… 8,800円（税込）
- 会話DVD　PAL方式 ……… 8,800円（税込）
- 絵教材CD-ROMブック ……… 3,300円（税込）

みんなの日本語 初級 第2版

- やさしい作文 ……………… 1,320円（税込）

みんなの日本語 中級Ⅰ

- 本冊（CD付） ……………… 3,080円（税込）
- 翻訳・文法解説 …………… 各1,760円（税込）
  英語版／中国語版／韓国語版／ドイツ語版／
  スペイン語版／ポルトガル語版／フランス語版／
  ベトナム語版
- 教え方の手引き ……………… 2,750円（税込）
- 標準問題集 …………………… 990円（税込）
- くり返して覚える単語帳 …… 990円（税込）

みんなの日本語 中級Ⅱ

- 本冊（CD付） ……………… 3,080円（税込）
- 翻訳・文法解説 …………… 各1,980円（税込）
  英語版／中国語版／韓国語版／ドイツ語版／
  スペイン語版／ポルトガル語版／フランス語版／
  ベトナム語版
- 教え方の手引き ……………… 2,750円（税込）
- 標準問題集 …………………… 990円（税込）
- くり返して覚える単語帳 …… 990円（税込）

- 小説 ミラーさん
  ―みんなの日本語初級シリーズ―
- 小説 ミラーさんⅡ
  ―みんなの日本語初級シリーズ―
  ……………………… 各1,100円（税込）

スリーエーネットワーク

ウェブサイトで新刊や日本語セミナーをご案内しております。
https://www.3anet.co.jp/